"科学就在你身边"系列

慧眼洞察身边的世界
——生活中的地理知识

总 主 编　杨广军
副总主编　朱焯炜　章振华　张兴娟
　　　　　胡　俊　黄晓春　徐永存
本册主编　陈赛花

上海科学普及出版社

图书在版编目（CIP）数据

慧眼洞察身边的世界：生活中的地理知识/陈赛花主编.—上海：
上海科学普及出版社，2011.1(2018.4 重印)
(科学就在你身边系列/杨广军主编)
ISBN 978-7-5427-4603-0

Ⅰ.①慧…　Ⅱ.①陈…　Ⅲ.①地理学—普及读物　Ⅳ.①K90-49

中国版本图书馆 CIP 数据核字(2010)第 141008 号

组　　稿　胡名正　徐丽萍
责任编辑　李重民
统　　筹　刘湘雯　张怡纳

"科学就在你身边"系列
慧眼洞察身边的世界
——生活中的地理知识
总主编　杨广军
副总主编　朱焯炜　章振华　张兴娟
胡　俊　黄晓春　徐永存
本册主编　陈赛花
上海科学普及出版社出版发行
（上海中山北路 832 号　邮政编码 200070）
http://www.pspsh.com

各地新华书店经销　北京一鑫印务有限责任公司印刷
开本 787×1092　1/16　印张 13　字数 200 000
2011 年 1 月第 1 版　2018 年 4 月第 3 次印刷

ISBN 978-7-5427-4603-0　　定价：25.80 元

卷首语

　　生活中时时有地理，处处有地理，地理知识就在我们生活的周围。你是否思考过：每天冉冉升起的太阳为什么会发光发热？月亮为什么会有"阴晴圆缺"？令人惧怕的台风又是从何而来？你是否思考过：天上有多少星星？满天繁星的分布是不是也有一定的规律呢？……这些都与地理有密切的联系。

　　学习和掌握对生活有用的地理知识，不仅可以拓宽知识面，开拓视野，而且能有效地应对生活中的各种困难，解决生活中的实际问题，增强你的自理能力……让我们走进本书，一起去领略和掌握生活中的地理知识吧。

目 录

天外有天——宇宙揭秘

我们的生存空间——打开宇宙之门 …………………………（3）
地球的母亲——认识太阳之美 ………………………………（9）
寻找人类的家园——地球在宇宙中的位置 …………………（16）
地球的好伙伴——窥探月球之谜 ……………………………（21）
"天狗食日"的真相——日食与月食 …………………………（29）
四季变化——认识历法 ………………………………………（35）
繁星点点——星空观察 ………………………………………（42）
飞碟——外星人的使者 ………………………………………（48）
艰苦的旅程——神秘的太空生活 ……………………………（54）

地球物语——自然迷踪

奔腾不息——洋流 ……………………………………………（63）
海上"霸主"——台风 …………………………………………（69）
冬季"魔王"——寒潮 …………………………………………（76）

慧眼洞察身边的世界

"霉"味十足——梅雨 …………………………………（82）
随"季"应变——季风 …………………………………（88）
解不开的疑团——厄尔尼诺 …………………………（93）
雷嗔电怒——可怕的雷电 ……………………………（99）
"发怒"的地球——地震 ………………………………（105）
地心之火——火山 ……………………………………（111）
地球不能承受之"热"——全球变暖 …………………（118）
森林的杀手——酸雨 …………………………………（124）
女娲不能"补"的天——臭氧洞 ………………………（130）
热浪滚滚——城市热岛效应 …………………………（135）

重温经典——人文科学

绚丽多彩——服饰中的地理知识 ……………………（143）
美味"情缘"——饮食中的地理知识 …………………（148）
温馨的"港湾"——住宅中的地理知识 ………………（154）
世代繁衍——人口问题 ………………………………（160）
生存之本——农业 ……………………………………（165）
国民经济的支柱——工业 ……………………………（171）
经济活动的中心——商业 ……………………………（176）
联系世界的纽带——交通运输业 ……………………（182）
空中的眼睛——遥感 …………………………………（189）
精确的测量家——全球定位系统 ……………………（194）
强大的数据库——地理信息系统 ……………………（199）

天外有天
——宇宙揭秘

宇宙是广漠空间和其中存在的各种天体以及弥漫物质的总称。宇宙是物质世界,它处于不断的运动和发展中。《淮南子·原道训》注:"四方上下曰宇,古往今来曰宙,以喻天地。"即宇宙是天地万物的总称。千百年来,人类一直在质疑:宇宙是如何形成的?宇宙有多大?宇宙中有哪些物质?地球在宇宙中的什么位置?现在,随着科学技术的发展,宇宙的奥秘正在一个个被人类破解,本篇就让我们一起进入浩瀚的宇宙空间。

天外有天——宇宙揭秘

SHENGHUO ZHONG
DE DILI ZHISHI

我们的生存空间
——打开宇宙之门

宇宙，这是一个既熟悉而又带有神秘色彩的字眼，宇宙从何而来，是怎么起源的，宇宙的大小、形状，宇宙中有哪些物质等等这一系列问题无不困扰着人类。为了探寻无穷宇宙中的奥秘，前百年来人类利用自己的智慧进行着不懈的努力，其探索过程几乎和人类的历史一样长。许多关于宇宙的神话故事也由此诞生……

◆宇宙

宇宙大爆炸

到目前为止，关于宇宙起源的假说和理论已有 40 多种，其说不一，但较有说服力的还首推大爆炸理论。1948 年，美国物理学家伽莫夫提出了"宇宙大爆炸"学说。他认为我们所观测到得宇宙始于 150 亿年前的一次爆炸事件，时间、空间、物质、能量都是从这时开始的。爆炸之初，宇宙是一个温度极高、密度极大的超微

◆宇宙大爆炸

慧眼洞察身边的世界

小点（直径为 10～34 厘米）。最初的 1 秒钟过后，宇宙的温度降到约 100 亿度，在这种状态下，宇宙间只有光子、中子、电子和质子等基本粒子存在。随着宇宙不断膨胀，温度、密度很快下降、数分钟后它便冷却到足够形成最简单的氢原子和氦原子核了。但直到数百万年后宇宙才形成第一个原子，不久又形成了简单的分子。直到数十亿年后才形成各种各样的恒星和星系。后来，在某些行星上（现在我们只知道在地球上）产生了种种复杂的生命。

> 你能找出更多证据来证明宇宙大爆炸学说吗？搜集有关宇宙起源的其他说法，谈谈你的看法？

虽然大爆炸学说有观测结果的支持，但它还有很多难以解答的问题，比如爆炸前的宇宙是什么样子的？大爆炸的能量来自于哪里？宇宙大爆炸最初几分钟物质形态变化的探测证据何在？所以宇宙大爆炸学说还不能说是宇宙形成的最后定论。我们只有保持开放的思维和宽容的心态，吸纳各种先进的、合理的思想，不断探索，才能揭开宇宙之谜。

 **名人介绍：美籍苏联物理学家——伽莫夫**

◆伽莫夫

伽莫夫，1904 年 3 月 4 日生于俄国敖德萨，1928 年获列宁格勒大学博士学位后去西欧，在丹麦哥本哈根大学理论物理研究所及英国剑桥大学卡文迪什实验室以及列宁格勒大学、华盛顿大学、科罗拉多大学等多所院校从事研究和教学工作。1931 年任列宁格勒大学教授。当时，自命为"坚持唯物主义"的李森科派正称霸科学界，不仅与李森科持不同看法的著名遗传学家瓦维洛夫神秘地失踪，就连物理学界也受到巨大的冲击：凡是支持爱因斯坦的相对论和海森伯的测不准原理（即不确定性原理）的人，都一律被视为反动。在这种恶劣的环境下，伽莫夫觉得祖国已无发展前途，且随时有

天外有天——宇宙揭秘

生命危险，终于在1933年借一次物理学国际会议之机离开前苏联，并于1934年移居美国，任乔治·华盛顿大学教授。直至1968年8月20日卒于美国科罗拉多州的博尔德。

宇宙中的天体

我们的宇宙到底有多大？在以前，如果你问天文学家这样一个问题，你所得到的答案很可能仅仅是告诉你当今的天文望远镜能够看多远。现在，这种情况要改变了。宇宙学家的最新研究成果告诉了我们一个确切的数字：我们的宇宙直径至少是780亿光年。

浩瀚的太空中，美丽的日月星

> 光年是计量天体距离的一种单位，即光在真空中一年所传播的距离。1光年＝$9.46×10^{12}$千米

◆美丽的星云

辰，日复一日年复一年地沿着自己的轨道不停地运转。然而，你知道这壮丽的宇宙万物是怎么来的？它们由什么物质构成的吗？

宇宙中存在各种星体和弥漫物质。人们可以用肉眼或者借助各种观测仪器看到宇宙中形形色色的天体。晴朗的夜晚，我们可以看见闪烁的恒星、在星空中移动的行星和圆缺多变的月亮，有时还可以看到轮廓模糊的星云、一闪即逝的流星、拖着长尾的彗星。我们把宇宙中的各种星体统称为天体。在各种天体中，最基本的是恒星和星云，它们都有巨大的质量。

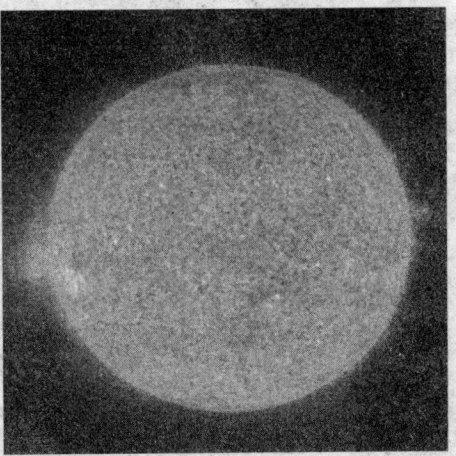

◆恒星

HUIYAN DONGCHA
SHENBIAN DE SHIJIE

慧眼洞察身边的世界

在晴朗的夏夜，天上的星星像一颗颗漂亮的宝石，发出清冷的光辉。但你却不会想到，有很多星星自身的温度却高得吓人，有的比太阳的温度还要高好几倍。那些自身能发光发热的星星被称为恒星，它们主要由氢元素和氦元素构成。这些星星之所以能发光，是由于它们的中心部分在发生强烈的热核反应，从而爆发出巨大的能量，散发出光和热，还辐射出各种各样的射线和粒子。

> 你知道哈雷彗星多久造访地球一次吗？彗星与人们常说的"扫帚星"有什么联系吗？

生活中的地理知识

◆月球（卫星）

◆地球（行星）

星云是由气体和尘埃物质组成的、呈云雾状的天体，它的主要组成物质是氢。同恒星相比，星云质量大、体积大、密度小。

行星是在椭圆轨道上围绕恒星运行的、质量大到自身引力足以使它变成球体，并且能够清除其公转轨道周围的物体的天体。它的质量比恒星小，本身不发射可见光，以表面反射恒星光而发亮。太阳系有八颗行星，地球是其中之一。

卫星是围绕行星运行的天体。它的质量比其所环绕的行星小，本身不发射可见光，以表面反射恒星光而发亮。月球就是地球的卫星。

彗星是围绕恒星运行的一种质量很小的天体，呈云雾状的独特外貌。彗星分为彗头和彗尾两部分。彗头由彗核、彗发、彗云构成。彗核是彗头的主要部分，由冰物质组成，当彗星接近恒星时，冰物质升华为气体。在太阳系中，

天外有天——宇宙揭秘

彗星的这些气体和微尘受太阳风推斥，在背向太阳的方向形成一条很长的彗尾。彗尾一般长几千万千米，最长可达几亿千米。彗星形状像扫帚，俗称扫帚星。彗星的轨道多为抛物线或双曲线，少数为椭圆。目前人们已发现绕太阳运行的彗星有1600多颗。著名的哈雷彗星绕太阳一周的时间为76年。

广角镜——地球人成功炮轰彗星

在太空飞行6个多月后，美国人发射的"深度撞击"宇宙飞船7月4日1：52PM对"坦普尔1号"彗星实施拦截，一枚铜弹精确射向时速高达3.68万千米的彗星。

撞击过程中，撞击舱将携带照相机冲向彗核，拍下精彩照片，直至"壮烈牺牲"前2秒钟。"以身殉职"前，它成功将图像和数据发回宇宙飞船。

"撞击彗星"主要目的有三方面：
一是研究地球和整个太阳系的起源。彗星是冰冻的物质，保存着太阳系诞生时很珍贵的信息，这次撞击就是进入彗星内部，从彗星内部物质构成来认识太阳系的原始状态；

二是对于揭示地球和宇宙生命起源具有重要意义。科学研究发现，过去彗星和其他小行星曾经为地球带来水、冰和有机物，而在合适的条件下有机物可能演化为生命，所以研究彗星有助于揭开生命起源之谜；

三是为避免外星撞地球积累经验。1994年"彗木碰撞"引起了人类对于

◆人类探测器首次撞击坦普尔1号彗星

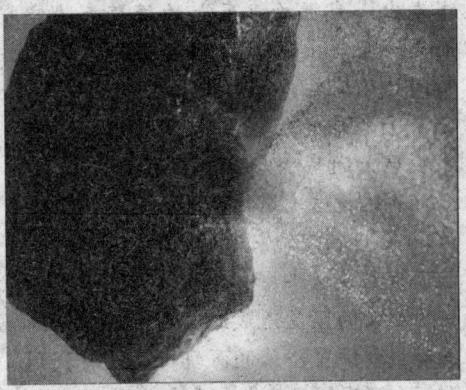

◆从彗星喷发出物质

HUIYAN DONGCHA SHENBIAN DE SHIJIE
慧眼洞察身边的世界

彗星碰撞地球的担忧，这次撞击可以取得经验，如果以后出现彗星碰撞地球的可能，人类就可以运用宇宙飞船去引发爆炸装置，从而改变彗星的运行轨道，以避免对地球的危害。

◆流星

流星体是星际空间的尘粒和固体小块，数量众多。我们将沿同一轨道绕太阳运行的大群流星体称为流星群。闯入地球大气的流星体，因同大气摩擦而燃烧，产生的光迹划过天空，这种现象叫做流星现象。当流星群与地球相遇时，人们会看到天空某一区域在几小时、几天或更长时间内流星数目显著增加，甚至像下雨一样，这种现象叫流星雨。降落到地面的未烧尽的流星体叫做陨星。陨星有石陨星（陨石）、铁陨星（陨铁）和石铁陨星三种。

生活中的地理知识

逸闻轶事——通古斯大爆炸

1908年6月30日，在俄罗斯帝国西伯利亚森林的通古斯河畔，突然爆发出一声巨响，巨大的蘑菇云腾空而起，天空出现了强烈的白光，气温瞬间灼热烤人，爆炸中心区草木烧焦，七十千米外的人也被严重灼伤，还有人被巨大的声响震聋了耳朵。

人们把这次爆炸称为"通古斯大爆炸"。之后物理学家库利克率领考察队前往通古斯地区考察。他们宣称，爆炸是一次巨大的陨星造成的。但他们却始终没有找到陨星坠落的深坑，也没有找到陨石。只发现了几十个平底浅坑。因此，"陨星说"只是当时的一种推测。

◆美国亚利桑那州巴林杰陨石坑

天外有天——宇宙揭秘

SHENGHUO ZHONG
DE DILI ZHISHI

地球的母亲
——认识太阳之美

太阳系是由太阳、行星及其卫星、小行星、彗星、流星和行星际物质构成的天体系统，太阳是太阳系的中心天体。在庞大的太阳系家族中，太阳的质量占太阳系总质量的99.8%，九大行星以及数以万计的小行星所占比例微忽其微。它们沿着自己的轨道万古不息地绕太阳运转着，同时，太阳又慷慨无私地奉献出自己的光和热，温暖着太阳系中的每一个成员，促使他们不停地发展和演变。认识太阳对我们人类来说非常重要。

◆太阳

太阳的内部结构

太阳的内部主要可以分为三层：核心区、辐射区和对流区。太阳的核心区域半径是太阳半径的1/4，约为整个太阳质量的一半以上。太阳核心的温度极高，达1500万摄氏度，压力也极大，使得由氢聚变为氦的热核反应得以发生，从而释放出极大的能量。这些能量再通过辐射层和对流层中物质的传递，才得以传送到达太阳光球的底部，并通

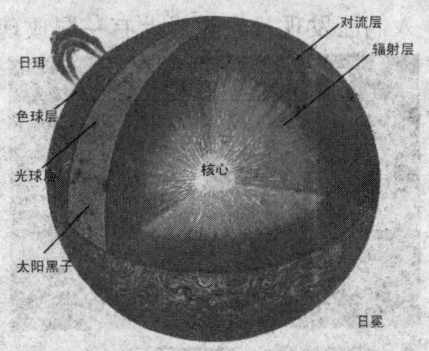
◆太阳内部结构

生活中的地理知识

"科学就在你身边"系列

慧眼洞察身边的世界

◆光球层

过光球向外辐射出去。太阳中心区的物质密度非常高。每立方厘米可达160克。太阳在自身强大重力吸引下，太阳中心区处于高密度、高温和高压状态。是太阳巨大能量的发祥地。

太阳外部大气由内至外分别是光球、色球、日冕层。

太阳光球就是我们平常所看到的太阳圆面，通常所说的太阳半径也是指光球的半径。光球层位于对流层之外，属太阳大气层中的最低层或最里层。光球的表面是气态的，其平均密度只有水的几亿分之一，但由于它的厚度达500千米，所以光球是不透明的。光球层的大气中存在着激烈的活动，用望远镜可以看到光球表面有许多密密麻麻的斑点状结构，很象一颗颗米粒，称之为米粒组织。它们极不稳定，一般持续时间仅为5～10分钟，其温度要比光球的平均温度高出300～400℃。目前认为这种米粒组织是光球下面气体的剧烈对流造成的现象。

> 俗话说"万物生长靠太阳"，太阳为什么会发光发热呢？它的能量又是从哪来呢？

紧贴光球以上的一层大气称为色球层，平时不易被观测到，过去这一区域只是在日全食时才能被看到。当月亮遮掩了光球明亮光辉的一瞬间，人们能发现日轮边缘上有一层玫瑰红的绚丽光彩，那就是色球。色球层厚约8000千米，它的化学组成与光球基本上相同，但色球层内的物质密度和压力要比光球低得多。日常生活中，离热源越远处温度越低，而太阳大气的情况却截然相反，光球顶部接近色球处的温度差不多是4300℃，到了色球顶部温度竟高达几万摄氏度，再往上，到了日冕区温度陡然升至上百万

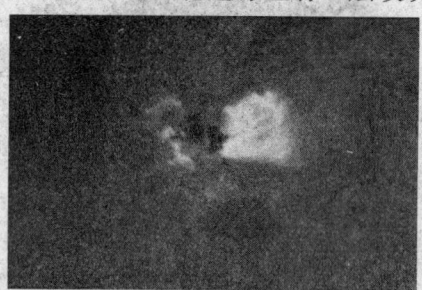

◆太阳色球层的局部亮区

天外有天——宇宙揭秘

摄氏度。人们对这种反常增温现象感到疑惑不解，至今也没有找到确切的原因。

科技文件夹

太阳黑子

光球表面另一种著名的活动现象便是太阳黑子。黑子是光球层上的巨大气流旋涡，大多呈现近椭圆形，在明亮的光球背景反衬下显得比较暗黑，但实际上它们的温度高达4000℃左右，倘若能把黑子单独取出，一个大黑子便可以发出相当于满月的光芒。日面上黑子出现的情况不断变化，这种变化反映了太阳辐射能量的变化。太阳黑子的变化存在复杂的周期现象，平均活动周期为11.2年。

广角镜——日珥

在色球上人们还能够看到许多腾起的火焰，这就是天文上所谓的"日珥"。日珥是迅速变化着的活动现象，一次完整的日珥过程一般为几十分钟。同时，日珥的形状也可说是千姿百态，天文学家根据形态变化规模的大小和变化速度的快慢将日珥分成宁静日珥、活动日珥和爆发日珥三大类。最为壮观的要属爆发日珥，本来宁静或活动的日珥，有时会突然"怒火冲天"，把气体物质拼命往上抛射，然后回转着返回太阳表面，形成一个环状，所以又称环状日珥。

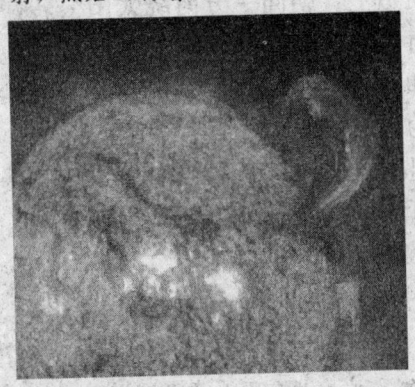
◆日珥

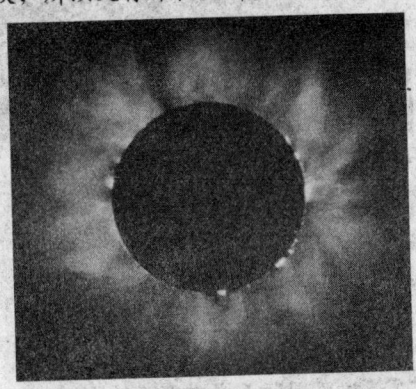
◆日冕

HUIYAN DONGCHA
SHENBIAN DE SHIJIE
慧眼洞察身边的世界

日冕是太阳大气的最外层。日冕中的物质也是等离子体，它的密度比色球层更低，而它的温度反比色球层高，可达上百万摄氏度。在日全食时在日面周围看到放射状的非常明亮的银白色光芒即是日冕。日冕的范围在色球之上，一直延伸到好几个太阳半径的地方。日冕还会有向外膨胀运动，并使得热电离气体粒子连续地从太阳向外流出而形成太阳风。

太阳系的组成

目前的太阳系是由太阳、八大行星及其卫星、小行星、彗星、流星体和行星际物质构成的天体系统。太阳是太阳系的中心天体，占总质量的 99.86%，其他天体都在太阳的引力作用下绕其公转。太阳系中只有太阳是靠热核反应发光发热的恒星，

> 原来太阳系有九大行星，现在冥王星被踢出去了，为什么呢？

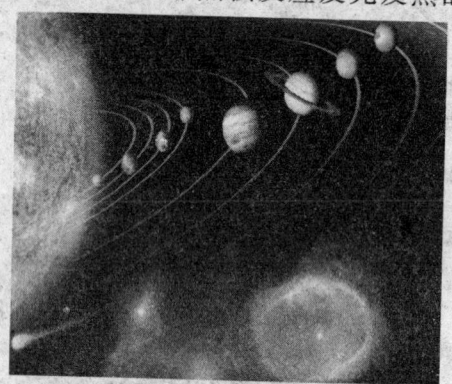
◆太阳系

其他天体要靠反射太阳光而发亮。太阳系中的八大行星，按距太阳远近排列依次为水星、金星、地球、火星、木星、土星、天王星、海王星。八大行星都在接近同一平面的近圆形的椭圆轨道上，朝同一方向绕太阳公转，即行星的轨道运动具有共面性、近圆性和同向性。太阳系内还存在为数众多的小质量天体，主要集中在火星和木星的轨道之间。

生活中的地理知识

广角镜——冥王星出局之谜

按照国际天文学联合会的定义，一个天体要被称为行星，需要满足三个条件：围绕太阳公转、质量大到自身引力足以使它变成球体，并且能够清除其公转

天外有天——宇宙揭秘

轨道周围的其他物体。同时满足上述三个条件的只有水星、金星、地球、火星、木星、土星、天王星和海王星，它们都是在1990年以前被发现的。而同样具有足够质量、成圆球形，但不能清除其轨道附近其他物体的天体称为"矮行星"，冥王星恰好符合这一定义，并被国际天文学联合会确认是一颗"矮行星"。围绕太阳运转，形状不规则，也不能清除公转轨道周围物体的天体统称为"太阳系小天体"。众多太阳系小天体主要集中在火星和木星轨道之间，估计有50000多颗，现在已发现7000多颗。

◆冥王星（想象画）

太阳对地球的影响

太阳辐射对地球地理环境有很大的影响。太阳辐射直接为地球提供了光热资源，地球上生物的生长发育均离不开太阳；太阳辐射能维持着地表温度，是促进地球上水体运动、大气运动和生物活动的主要动力；太阳辐射是地质作用中外力作用的主要能量来源，各种外力作用共同改变着地表形态；太阳辐射从低纬向高纬递减的规律，形成了自然带分布上的规律之一：即纬度地带分异规律。

◆煤炭

太阳对人类生产和生活也有很大的影响。作为工业生产主要能源的煤、石油、天然气等矿物燃料，是地质历史时期生物固定以后积累下来的太阳能；太阳辐射能是我们日常生活和生产所用的太阳灶、太阳能热水器、太阳能电站的主要能量来源；水能发电站利用的水能多由太阳能转化而来；人类日常生活离不开的生物能也是太阳能转化来的；大棚农业是为了充分利用太阳的光热资源而发展起来的。

慧眼洞察身边的世界

生活中的地理知识

◆太阳能热水器

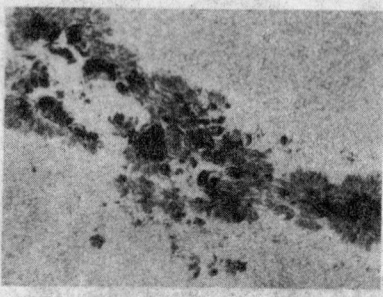

◆太阳黑子

◆阿拉斯加的极光

太阳活动对地球的影响也很大。作为太阳系中的地球，在它的整个历史上始终受到太阳光和热的作用，它们与地球内部动力所引起的各种现象之间相互作用，驱动着地球表层的演化。当地球的大气圈河水圈形成以后，以太阳能为动力的太阳这台发动机驱动着大气和大洋环流，形成风、云、雨、雪。河流出现了，开始流入大洋，山脉受到剥蚀。这一切都在塑造和改变着地表的环境，影响着地球的生物圈，使地球的气候、生物及地球化学循环趋于多样化。

当太阳的活动增强时，太阳巨大的能量突然释放，同时抛射出不同能量的粒子，使各种波长的电磁辐射迅速增强，并引起磁暴、极光，骚扰大气电离层，使近地空间状态发生扰动变化。当大耀斑爆发时，地球轨道附近粒子流的密度超过平时的10倍以上，对人造卫星、宇宙飞船及其中的仪器设备造成损伤，并严重威胁宇航员的健康和安全。增强的x射线会破坏电离层正常状态，导致信号衰减甚至中断。大量带电粒子到达地球前引起磁暴和电离层暴，严重影响无线电通信、地面与人造卫星或飞船间的空间通信、航空及航海通信。

磁暴会产生感应电流，严重干扰高压供电系统，以致造成重大事故。因此，监测太阳活动和太阳风的强度，适时作出"空间气象"预报，越来越显得重要

天外有天——宇宙揭秘

小 知 识

太阳的寿命

太阳的一生是从星云开始的，最后一直到红巨星、白矮星，成为太阳的死骸，这一过程大约要经过100亿年，也就是说再过50亿年将是太阳的死期，而我们人类生活的地球将在太阳变成膨胀的红巨星时被其吞掉。如果我们人类能生存到那个时代的话，就只能飞到其他星球上去生活了

生活中的地理知识

HUIYAN DONGCHA
SHENBIAN DE SHIJIE
慧眼洞察身边的世界

生活中的地理知识

寻找人类的家园
——地球在宇宙中的位置

人类正确认识宇宙以及地球在宇宙中的地位经历了漫长的过程，这一过程与历史上许多著名学者的辛勤劳动——细致的观测和深入的理论研究——是密切不可分的。早在公元前4世纪，古希腊哲学家亚里士多德就已提出了"地心说"，即认为地球位于宇宙的中心。后来这个学说被哥白尼的"日心说"推翻，该学说认为地球和其他行星是围绕太阳公转，而不是太阳绕地球转。

◆美丽的地球

地球只是太阳系中一颗普通的行星。日地平均距离为 1.4960×10^8 千米，这个数字被确定为一个天文单位。地球并不是孤立地存在宇宙空间的，它和其他天体之间有着密切的联系并相互影响。了解地球在宇宙中的位置，有利于人类更深入地了解我们所生存的家园。

天体系统

◆从月球上看地球

宇宙间的天体都在运动着，运动着的天体因互相吸引和互相绕转，从而形成天体系统。

地球与月球构成了一个天体系统，称为地月系。在地月系中，地球是中心天体，因此一般把地月系的运动描述为月球对于地球的绕转运动。然而，地月系的实际运动，是地球与月球对于它们的公共质心的

天外有天——宇宙揭秘

SHENGHUO ZHONG
DE DILI ZHISHI

绕转运动。地球与月球绕它们的公共质心旋转一周的时间为27天7小时43分11.6秒，也就是27.32166天。

名人介绍：波兰天文学家——尼古拉·哥白尼

尼古拉·哥白尼1473年出生于波兰。40岁时，哥白尼提出了日心说，并经过长年的观察和计算完成他的伟大著作《天体运行论》。1533年，60岁的哥白尼在罗马做了一系列的讲演，但直到他临近古稀之年才终于决定将它出版。1543年5月24日去世的那一天才收到出版商寄来的一部他写的书。哥白尼的"日心说"沉重地打击了教会的宇宙观，这是唯物主义和唯心主义斗争的伟大胜利。哥白尼是欧洲文艺复兴时期的一位巨人。他用毕生的精力去研究天文学，为后世留下了宝贵的遗产。

◆哥白尼

地球同它的天然卫星——月球所构成的天体系统，地球是它的中心天体。由于地球质量同月球质量的相差悬殊（成81.1∶1），地月系的质量中心距地球表面只有约1650千米。通常所说的日地距离，实是太阳中心和地月系质心的距离；通常所说的月球绕地球公转，实是地球和月球相对于它们的共同质心的公转。由于这种公转，共同质心在

◆地月系

地球内部有以地球恒星月为周期的位移。地月系是太阳系的一部分。

太阳是太阳系的中心天体，八颗行星、矮行星和众多的太阳系小天体等围绕太阳运动，由此构成太阳系。

生活中的地理知识

"科学就在你身边"系列

慧眼洞察身边的世界

◆太阳和太阳系

太阳系（Solar System）就是我们现在所在的恒星系统。它是以太阳为中心，和所有受到太阳引力的天体的集合体：8颗行星冥王星已被开除、至少165颗已知的卫星，和数以亿计的太阳系小天体。

广角镜——提丢斯数列

◆戴维·提丢斯

提丢斯—波得定则，简称"波得定律"，是关于太阳系中行星轨道的一个简单的几何学规则。它是在1766年德国的一位中学教师戴维·提丢斯（Johann Daniel Titius，1729～1796年）发现的。后来被柏林天文台的台长波得归纳成了一个经验公式来表示。

1766年，德国人提丢斯提出，取一数列0，3，6，12，24，48，96，192……然后将每个数加上4，再除以10，就可以近似地得到以天文单位表示的各个行星同太阳的平均距离。1772年，德国天文学家波得进一步研究了这个问题，发表了这个定则，因而得名为提丢斯—波得定则，有时简称提丢斯定则或波

天外有天——宇宙揭秘

得定则。这个定则可以表述为：从离太阳由近到远计算，对应于第n个行星（对水星而言，n不是取1，而是$-\infty$），其同太阳的距离$a_n = 0.4 + 0.3 \times 2^{n-2}$（天文单位）。

太阳系又是银河系的一部分。在晴朗无云的夜晚，人们可以观察到太空有一条如云的光带，称为银河。它实际上是由数以千亿颗恒星和星云组成。这些恒星分别组成许多恒星系。太阳系位于银河系的边缘。

◆大麦哲伦星云

在银河系之外，大约还有数百亿个像银河系这样规模的天体系统，我们把它统称为河外星系。河外星系包括仙女星系、大麦哲伦星云、小麦哲伦星云等星系及巨量的星际物质。

银河系和河外星系统称为总星系。它是目前人类所能观测到的宇宙空间的星系总体。

◆仙女座星系

由此可见，地球和月球构成地月系，地月系在太阳系之中，而太阳系又在银河系之中，银河系和河外星系又属于总星系，总星系之外的世界我们还没有办法观测到。看来地球在茫茫宇宙中真的是太小太小了。

解剖银河系

银河系是由银核、银盘和银晕等部分组成的扁圆状星系，其直径为10万光年。银核位于银河系的中央，具有椭球状的核心结构，恒星十分密

HUIYAN DONGCHA SHENBIAN DE SHIJIE
慧眼洞察身边的世界

集。银盘是银河系的主要组成部分，它以轴对称的形式分布在银核周围，自中心向边缘逐渐变薄。银盘中已发现有四条旋臂从银核旋出，太阳即位于其中一条旋臂上。银晕是银盘外面范围较大的近似球状分布的系统，其物质密度比银盘小得多。银河系约有 2000 亿颗恒星，这些恒星在天球上的投影呈银灰色的光带，恰似天空中的茫茫大河，故为银河。

> 在晴朗无云的夜晚，我们能在天空中看见"银河"，你知道我们地球在银河系的哪个位置吗？

我们的太阳系正好位于银河系一条悬臂的边缘位置。银河系之外存在着许多比银河系大得多的星系。而我们人类所能观测到的只是宇宙的一部分。所以，可想而知，我们地球只是宇宙中的沧海一粟。

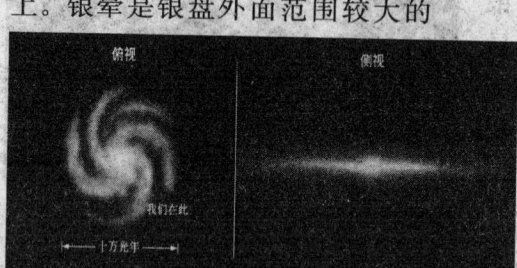

◆银河系结构

◆银河系侧视

天外有天——宇宙揭秘

SHENGHUO ZHONG
DE DILI ZHISHI

地球的好伙伴
——窥探月球之谜

在中国诗词中,"月"是一个出现频率极高的事物。皓月当空,长风拂面乃自然界之一物像,然一经诗人的生花妙笔缀入,便融入了人的情感因素。由此,在诗人笔下月亮就成为一个包括相思在内的多重意象的事物。月与人可亲而不可近,恋人对月海誓山盟,思妇对月牵挂丈夫,游子对月思念亲人;孤独者视月为朋友,迷茫者视月为希望。人们根据月亮在不同季节,不同时间出现的各种变幻,赋予月亮千种情怀。

◆月之魅

古人咏月

床前明月光,疑是地上霜。
举头望明月,低头思故乡。
　　　　——李白《静夜思》

海上生明月,天涯共此时。
情人怨遥夜,竟夕起相思!
　　　　——张九龄《望月怀远》

明月出天山,苍茫云海间。
长风几万里,吹度玉门关。
　　　　——李白《关山月》

◆一轮圆月

生活中的地理知识

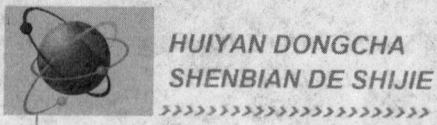
慧眼洞察身边的世界

月相变化

随着日、地、月三者之间位置的不断变化，地球上人们看到月球的相形状发生着周期性的变化，这种现象叫月相。

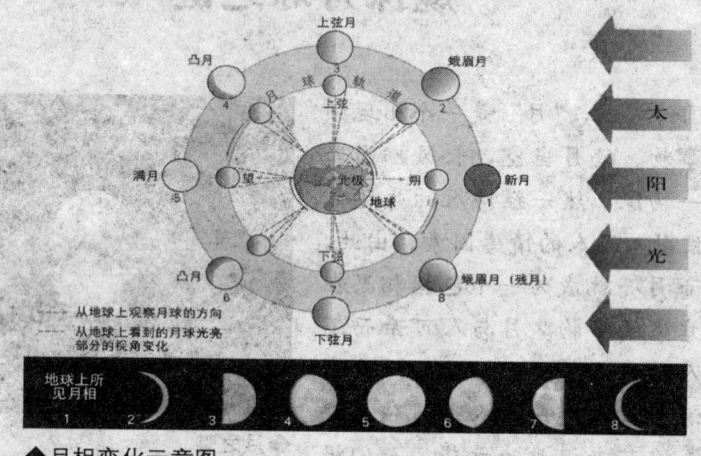

◆月相变化示意图

每逢农历初一，月球运动到太阳和地球之间时，月球被太阳照亮的一面背对着地球，我们就看不到月亮，称为"新月"或"朔"。随着月球被太阳照亮的一面逐渐转向地球，到初七、初八，地球上的人们看到凸向西边的半个月球，称为"上弦月"。到了农历十五、十六时，人们整夜可以看到被太阳照亮的一轮圆月，这就是"满月"或"望"。此后，月球背向太阳的一面逐渐转向地球，到农历二十二、二十三，人们只能看到凸向东边的半个月亮，称为"下弦月"。再往后，地球上看到被照亮的月面越来越少，又回复到"朔"。

为什么在晴朗的夜晚，每天看到的月亮的形状不一样呢？我们通常所说的农历日期和月相变化有什么联系呢？

每次新月之后，月相的变化依次是娥眉月、上弦月、凸月、满月、凸月、下弦月、娥眉月、新月。月相由缺到圆，再由圆到缺，这样循环一个周期，叫做一个朔望月，平均时间为29.53日。

天外有天——宇宙揭秘

月相圆缺变化给人以深刻的印象，我国古代的人们很早就掌握了月相变化的周期性规律，并用朔望周期来定月，制定了阴历，后来又演变成现在的农历。农历把每次新月作为月首，定为初一，其他的日期依次类推，如上弦月为农历的初七或初八，满月为农历的十五或十六，下弦月为农历的廿三或廿四。

生活中我们发现，月亮不仅有盈亏变化，而且出现的时间和方位也都

◆月相

> 人们在生活中看到西部的半个月面，这是什么月相呢？看到东部的半个月面又是什么月相？

是不一样的。有时候月亮出现在天空的东南方，有时又在西南方；有时我们能在上半夜看到月亮，有时又只能在下半夜看到月亮；有时在晴朗的夜晚，整晚都看不到月亮，有时却又整晚都能看到，这是什么原因呢？

其实月亮也和太阳一样，随着地球自转，在地球上看月亮也是东升西落的。只不过各种月相月出月落的时间和太阳日出日落的时间上是有所差别的。

先来说新月，即月球走到地球和太阳的中间时，月球受光的一面是背对我们地球的，所以我们看不到。新月月出月落的时间基本和太阳一致，与太阳是同升同落的。

对于上弦月来说，月亮要比太阳晚大约6个小时升起。如果假设太阳日出日落时间分别是早上6点和晚上6点的话，上弦月月出时间就为中午12点，月落时间为午夜12点。但是白天由于太阳光线太亮，因此我们基

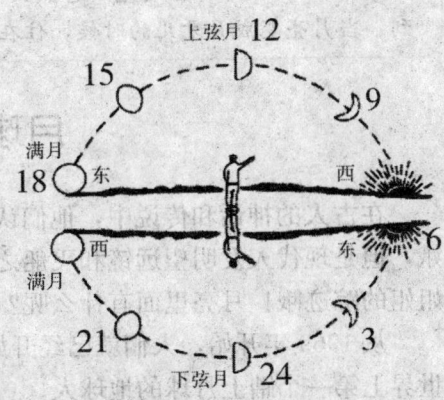

◆月出月落时间图

生活中的地理知识

HUIYAN DONGCHA SHENBIAN DE SHIJIE
慧眼洞察身边的世界

生活中的地理知识

◆宇航员登上月球

本看不到上弦月，等太阳落山后我们才能看到。当我们能看到的时候，上弦月的位置在天空的正南方，所以上弦月的话我们看到的时间只能在上半夜，下半夜它已经落山了。

对于满月来说，月亮比太阳大致晚12个小时。也就是说，当太阳落山后，满月刚从东边升起，与太阳是此起彼落的。所以，我们整个晚上都能看到一轮圆圆的月亮。

对于下弦月来说，它比太阳晚大约18个小时才从东边升起。所以等它升起地时候，已经是午夜了，所以下弦月我们只能在下半夜才能看到，等到太阳升起，太阳光线太亮，我们就逐渐看不见下弦月了。对于其他月相也是如此。所以每晚我们看到月亮的大小、方位，时间都有差别。

 开心驿站

地理教师讲述月球上的情况。"月亮大得很，在上面可以十分宽敞地住千千万万人。"小男孩玛克斯忽然大叫起来。"你叫什么？"教师问。"我想到，当月亮变成月牙儿的时候，住在上面的人该多么拥挤啊！"

月球概况

在古人的神话和传说中，他们认为月亮月桂树旁边的广寒宫里住着嫦娥，但是现代人发明望远镜和飞船之后，却没有在月亮上看到和找到嫦娥姐姐的踪迹哦！月亮里面有什么呢？

从1969年开始，人们就已经开始了探月之旅。美国人阿姆斯特朗成为世界上第一个踏上月球的地球人。

天外有天——宇宙揭秘

SHENGHUO ZHONG
DE DILI ZHISHI

名人介绍——阿姆斯特朗

尼尔·奥尔登·阿姆斯特朗（Neil Alden Armstrong）1930年8月5日生于俄亥俄州瓦帕科内塔。1969年7月20日，美国宇航员尼尔·阿姆斯特朗和巴兹·奥尔德林乘"阿波罗"11号飞船首次登月。1969年7月16日，同奥尔德林和柯林斯（由他担任指令长）乘"阿波罗—11"号宇宙飞船，飞向月球。7月20日，由阿姆斯特朗操纵"飞鹰"号登月舱在月球表面着陆，当天下午10时他和奥尔德林跨出登月舱，踏上月面。阿姆斯特朗率先踏上月球那荒凉而沉寂的土地，成为第一个登上月球并在月球上行走的人。

◆阿姆斯特朗

月球比地球小得多，体积只有地球的1/49，质量是地球的1/81，月球的引力只有地球的1/6。登上月球的宇航员，即使穿着沉重的宇航服，在月球上行走也是轻飘飘的。

月球引力小，不足以吸引大气和水，只有在两极有固态水，基本没有大气，只有少量的氖、氩、氙等气体，表面大气压力极小。在月球的上空，由于没有大气中的微粒来散射光线，即使是白天也是漆黑一片，星星格外明亮。由于基本没有大气，声音在月球上无法传播、万籁寂静。由于

◆宇航员登月

缺少大气和水的调节和保护，月球表面的温差很大，中午温度高达127℃，晚上降到零下183℃。月球上没有生命，是一个寂静、荒凉的世界。

月面上山岭起伏，峰峦密布，没有水，大气极其稀薄，大气密度不到地球海平面大气密度的一万亿分之一。没有火山活动，也没有生命，是一

HUIYAN DONGCHA SHENBIAN DE SHIJIE
慧眼洞察身边的世界

个平静的世界。从地球上看到的月球表面，较大的月海有10个：位于东部的是风暴洋、雨海、云海、湿海和汽海，位于西部的是危海、澄海、静海、丰富海和酒海。这些月海都为月球内部喷发出来的大量熔岩所充填，某些月海盆地中的环形山，也被喷发的熔岩所覆盖，形成了规模宏大的暗色熔岩平原。

◆环形山

 **知识广播**

环形山（crater），希腊文的意思是"碗"，所以又称为碗状凹坑结构。环形山的形成可能有两个原因，一是陨星撞击的结果，二是火山活动；但是大多数的环形结构均属于陨星的撞击结果。1924年，吉福德（A. C. Gifford）曾把月坑同地球上的陨石坑作了比较，证实了月坑是陨星撞击形成的。因此，陨击作用是形成现今月球表面形态的主要作用之一。

◆月海

月球上的陨击坑通常又称为环形山，它是月面上最明显的特征。许多大型环形山都具有向四周延伸的辐射状条纹，并由较高反射率的物质所组成，形成波状起伏的地形，向外延伸可达数百千米。环形山周围有溅射出来的物质形成的覆盖层；溅射的大块岩石又撞击月球表面，形成次生陨击坑。由于反复的陨星撞击与岩块溅落，以及月球内部喷出的熔岩大规模泛滥，使得许多陨击坑模糊不清，或只有陨击坑中央的尖峰露出覆盖熔岩的表面。

天外有天——宇宙揭秘

SHENGHUO ZHONG
DE DILI ZHISHI

"嫦娥"工程

发射人造地球卫星、载人航天和深空探测是人类航天活动的三大领域。重返月球，开发月球资源，建立月球基地已成为世界航天活动的必然趋势和竞争热点。开展月球探测工作是我国迈出航天深空探测第一步的重大举措。实现月球探测将是我国航天深空探测零的突破。月球已成为未来航天大国争夺战略资源的焦点。月球具有可供人类开发和利用的各种独特资源，月球上特有的矿产和能源，是对地球资源的重要补充和储备，将对人类社会的可持续发展产生深远影响。国务院正式批准绕月探测工程立项后，绕月探测工程领导小组将工程命名为"嫦娥工程"、将第一颗绕月卫星命名为"嫦娥一号"。"嫦娥一号"卫星由中国空间技术研究院承担研制，主要用于获取月球表面三维影像、分析月球表面有关物质元素的分布特点、探测月壤厚度、地月空间环境等。

◆嫦娥工程

我国绕月探测工程将完成以下四大科学目标：

1. 获取月球表面三维影像。划分月球表面的基本地貌构造单元，初步编制月球地质与构造纲要图，为后续优选软着陆提供参考依据。

2. 分析月球表面有用元素含量和物质类型的分布特点。对月球表面有用元素进

◆中国探月标志

生活中的地理知识

HUIYAN DONGCHA
SHENBIAN DE SHIJIE

慧眼洞察身边的世界

◆嫦娥一号拍摄的月球三维照片

行探测，初步编制各元素的月面分布图。

3．探测月壤特性。探测并评估月球表面月壤层的厚度、月壤中氦－3的资源量。

4．探测地月空间环境。记录原始太阳风数据，研究太阳活动对地月空间环境的影响。

天外有天——宇宙揭秘

SHENGHUO ZHONG
DE DILI ZHISHI

"天狗食日"的真相
——日食与月食

◆日全食

中国观测日食历史悠久，早在公元前1948年就有人观测到了日食。中国在公元前2300多年前就有了当时最先进的天文观象台。中国历来重视日食的预报。中国有世界上最早、最完整、最丰富的日食记录。光是古书（至清代）的史料（不包括甲骨文），就有1000多次日食记录。最早是《尚书》记载的发生在公元前1948年的一次日食。《诗经》中更是详细记载了发生在公元前776年9月6日的日食："十月之交，朔日辛卯，日有食之。"世界天文学家普遍承认中国古代日食记录的可信程度最高，为世人留下了珍贵的科学文化遗产。

生活中的地理知识

日食与月食成因

日食与月食是一种神奇的自然现象，古时候人们把月食叫做"天狗吞月"。日食与月食的出现主要是因为太阳、地球与月球三者之间的位置变化而产生的。简单地说，当月球运行到地球与太阳之间时，月球如果遮住了太阳，就会出现日食。日食的种类有日全食、日偏食

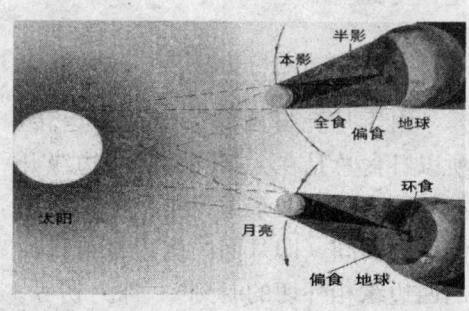
◆日食原理

"科学就在你身边"系列

HUIYAN DONGCHA
SHENBIAN DE SHIJIE
慧眼洞察身边的世界

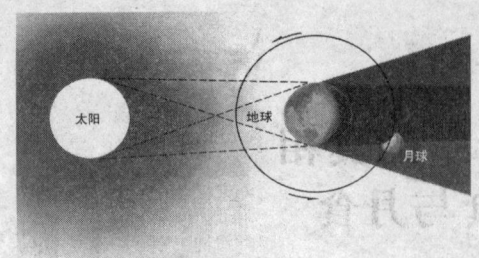

◆月食原理

和日环食。当月球运行到地球的"背后",地球介于太阳和月球之间并遮住了太阳,这时就会出现月食。因为月球体积较小且离地球近,月食的种类只有月全食和月偏食。

每次日食必然发生在新月,每次月食必然发生在满月,但日食与月食并不会每月都发生。这是因为地球绕太阳公转的轨道与月球绕地球公转的轨道并不在一个平面上,每次新月时,月球并不能总是不偏不倚地遮住太阳;同样,每次满月,地球也并不是都遮住月球。

知识广播

每年日食最多出现5次,如果出现5次,那么一定都是偏食。地球上每年至少有2次日食。在南北极地区只能看到日偏食。日全食大约1年半发生一次。

日全食的过程

一次日全食的过程可以包括以下五个时期:初亏、食既、食甚、生光、复圆。

初亏

由于月亮自西向东绕地球运转,所以日食总是在太阳圆面的西边缘开始的。当月亮的东边缘刚接触到太阳圆面的瞬间(即月面的东边缘与日面的西边缘相外切的时刻),称为初亏。初亏也就是日食过程开始的时刻。

◆日全食过程

天外有天——宇宙揭秘

食既

从初亏开始，就是偏食阶段了。月亮继续往东运行，太阳圆面被月亮遮掩的部分逐渐增大，阳光的强度与热度显著下降。当月面的东边缘与日面的东边缘相内切时，称为食既。此时整个太阳圆面被遮住，因此，食既也就是日全食开始的时刻。

◆日冕

食甚

食既以后，日轮继续东移，当月轮中心和日面中心相距最近时，就到食甚。

生光

对日偏食来说，食甚是太阳被月亮遮去最多的时刻。月亮继续往东移动，当月面的西边缘和日面的西边缘相内切的瞬间，称为生光，它是日全食结束的时刻。在生光将发生之前，

◆钻石环（贝利珠）

钻石环、贝利珠的现象又会出现在太阳的西边缘，但也是很快就会消失。接着在太阳西边缘又射出一线刺眼的光芒，原来在日全食时可以看到的色球层、日珥、日冕等现象迅即隐没在阳光之中，星星也消失了，阳光重新普照大地。

复圆

生光之后，月面继续移离日面，太阳被遮蔽的部分逐渐减少，当月面的西边缘与日面的东边缘相切的刹那，称为复圆。这时太阳又呈现出圆盘形状，整个日全食过程就宣告结束了。

HUIYAN DONGCHA SHENBIAN DE SHIJIE

慧眼洞察身边的世界

贝利珠、钻石环

在太阳将要被月亮完全挡住时，在日面的东边缘会突然出现一弧像钻石似的光芒，好像钻石戒指上引人注目的闪耀光芒，这就是钻石环（Diamond Ring），同时在瞬间形成为一串发光的亮点，像一串光辉夺目的珍珠高高地悬挂在漆黑的天空中，这种现象叫做贝利珠。这是由于月球表面有许多崎岖不平的山峰，当阳光照射到月球边缘时，就形成了贝利珠现象。贝利珠出现的时间很短，通常只有一二秒钟，紧接着太阳光就全部被遮盖住而发生日全食了。

日全食发生时，你发现周围的光线、气温有什么变化吗？

广角镜——2000 到 2100 年中国可见日全食时间表

◆2009 日全食

全食。2008 年 08 月 01 日新疆阿勒泰，甘肃北部边缘，内蒙古额济纳旗，宁夏，陕西中北部，河南，带食而没。

全食。2009 年 07 月 22 日藏东南察隅，云南西北部，四川，重庆，湖北西南部、南部，湖南北部，安徽，江西，浙江，上海，江苏南部。

全食。2034 年 03 月 20 日西藏西南部，带食而没。

全食。2035 年 09 月 02 日新疆叶城，若羌，甘肃玉门，内蒙古乌海，呼和浩特，河北张家口，北京，天津蓟县，辽宁西南部，辽东半岛大部。

全食。2042 年 04 月 20 日曾母

天外有天——宇宙揭秘

暗沙上午。

环食。2042 年 10 月 14 日曾母暗沙。

全食。2060 年 04 月 30 日新疆喀什，库尔勒，甘肃玉门，兰州，青海西宁，陕西西安，带食而没。

全食。2063 年 08 月 24 日新疆塔克拉马干沙漠腹地，哈密，内蒙古霍林郭勒，二连浩特，通辽，吉林长春，延吉。

全食。2070 年 04 月 11 日西沙群岛，台南南部。

全食。2082 年 08 月 24 日曾母暗沙，带食而出。

全食。2088 年 04 月 21 日新疆阿克苏，库尔勒，甘肃中部，带食而没。

全食。2089 年 10 月 04 日四川南部宜宾，重庆，湖南，江西，福建，带食而出。

如何正确观测日全食

我们应该如何正确观测日全食呢？

1. 戴上一副足够深色的墨镜。（最平常也是最好用的可以买一副电焊墨镜片）

2. 找一块透明玻璃，放在煤油灯上把它熏黑到一定程度。当日食发生时候可以隔着这块熏黑了的玻璃观测太阳，熏黑了的玻璃可以防止太阳光对眼睛的伤害。

3. 用一张或几张废照相底片，把它们重叠起来，日食发生的时候隔着这些底片看太阳，此种方法可根据太阳光的强弱随时增减底片层数，还可以装在自制的眼镜框上，使用起来很方便。

◆日食观测镜

4. 日食发生前，取一盆清水倒入适量墨汁，形成比较暗的水盘，待静置平稳后通过它看太阳的倒影，这是一种最简单易行的观测方法，无论太阳怎样的变化，都不会造成眼睛的伤害。缺点是不能直接的观测到太阳，无法直接的领会日全食的魅力。

5. 条件许可者，可以利用小型望远镜看太阳的投影像，投影板安装在

慧眼洞察身边的世界

◆日食观测眼镜

目镜一端，根据具体的情况调好目镜焦距，使投影板上出现清晰的太阳像，日食发生的时候就可以在投影板上观测日食的全过程，可以方便的观测到整个过程，就像是放电影一样。

生活中的地理知识

天外有天——宇宙揭秘

SHENGHUO ZHONG
DE DILI ZHISHI

四季变化——认识历法

什么叫历法？简单说来，就是人们为了社会生产实践的需要而创立的长时间的纪时系统。具体说，就是年月日时的安排。时间的计量单位也和长度、重量等计量单位一样，是人为规定的。但是，人们的实践告诉我们，利用和生产实践密切有关的自然现象的变化规律作为天然计量时间的尺度，

◆春暖花开

这对人们计量时间的工作，将带来极大方便。于是，反映季节变化规律的"回归年"、反映月貌变化规律的"朔望月"和反映昼夜变化规律的"太阳日"，便组成三个大小合适的时间计量单位。本节我们来了解一下几种常见历法是如何制定的。

四季是如何形成的

古时人们就发现，我们的地球在不断地运动之中。地球在自转地同时也在围绕着太阳按照一定轨道不停地自西向东运动。称为地球公转。

地球公转的轨道是近似正圆的椭圆。太阳位于椭圆轨道的两个焦点之一。因而产生了日地距离和公转速度的

你知道寒暑交替的四季是如何形成的吗？南半球和北半球的季节为什么是相反的？

生活中的地理知识

"科学就在你身边"系列

· 35 ·

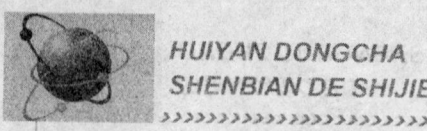

慧眼洞察身边的世界

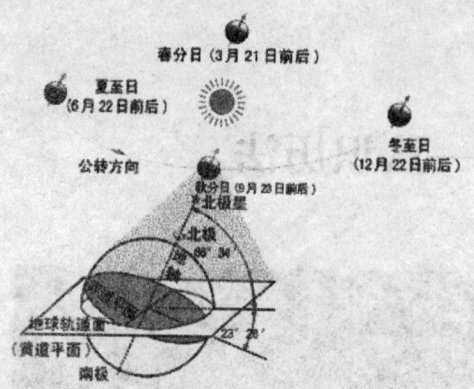

◆地球公转和黄赤交角示意图

转的轨道又是一个椭圆的形状，太阳始终位于一个焦点上。地球公转轨道平面（黄道面）与赤道平面之间存在一个夹角，称为黄赤交角。目前的是23°26′。因为地球公转的原因，致使太阳直射点会在南北回归线之间来回

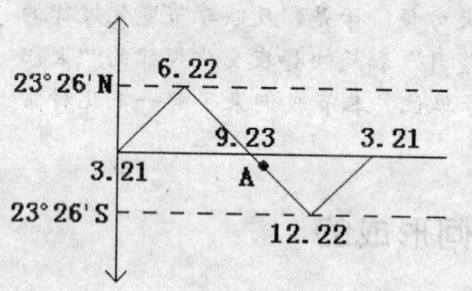

◆太阳直射点在地球表面的变化示意图

变化。公转速度在近日点时较快，在远日点时稍慢。地球公转一周的时间是1年。地球公转的真正周期是恒星年，时间为365日6时9分10秒，我们通常用的回归年，时间为365日5时48分6秒。

四季的形成是因为地球绕太阳公转的结果。

地球一直不断自西向东自转，与此同时又绕太阳公转。而地球公

> 地球公转到近日点是北半球的夏季，公转到远日点是北半球的冬季。这句话是否正确呢？

移动。

到了每年6月22日前后，太阳会直射北回归线，这一天就是北半球的夏至日。与此同时北半球得到的热量最高，白昼最长，而且气候也炎热，属于北半球的夏季，但南半球正处于寒冷的冬季。

昼夜长短变化

地球继续在公转轨道上不停运行，太阳的直射点便会在地球上的南北回归线之间来回移动。到了9月23日左右，太阳就会直射赤道，这一天就是北半球的秋分日。现在南半球以及北半球得到的太阳热量都相等，昼夜平分，北半球是秋季，南半球是春季。

天外有天——宇宙揭秘

SHENGHUO ZHONG
DE DILI ZHISHI

地球继续不断运转，到12月22日左右，太阳便直射南回归线。这一天就是北半球的冬至日。而此时北半球得到的热量为最少，且白昼时间最短，气候也相当寒冷，是北半球的冬季。南半球刚好是夏季。

太阳直射点北返以后，在3月21日左右，太阳再次直接射向赤道，这一天就是北半球的春分日。这个时候，是北半球的春季，而南半球却是秋季。

◆湿润区的夏季风光

从天文学角度来说，夏季是一年之中白昼最长、正午太阳高度最高的季节，冬季是一年之内白昼最短、正午太阳高度最低的季节，春秋两季是冬夏之间的过渡季节。

太阳直射点在南、北回归线之间往返移动，引起正午太阳高度和昼夜长短的年变化，使得地球表面获得的太阳热量在时间上分配不均，从而形成了寒暑交替的四季变化。四季更替现象在中纬度地带尤为明显。

由于太阳直射点在一个回归年内在南北回归线之间来回移动，所以造成了地球上各地昼夜长短的变化。

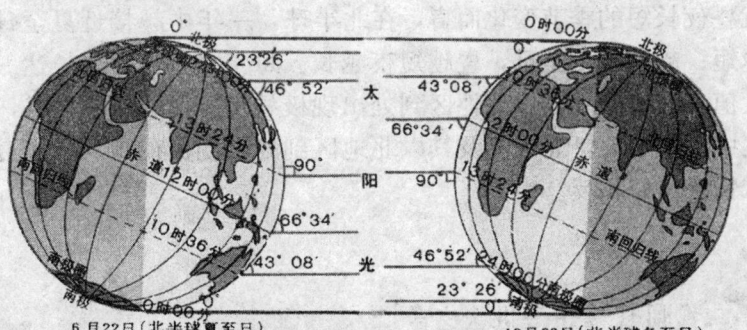

◆地球绕日公转引起正午太阳高度及昼夜长短的变化

生活中的地理知识

慧眼洞察身边的世界

◆昼夜交替

地球自转造成地表各处昼夜交替。天文学上把昼半球和夜半球的分界线（圈）叫做晨昏线（圈）。晨昏线（圈）把所经过的纬线圈分割成昼弧和夜弧两部分。昼弧、夜弧的长度就决定了一个地方的昼夜长短，昼弧和夜弧长短变化则反映了不同纬度及不同季节的昼夜长短变化规律。

就昼夜长短的纬度分布而言，太阳直射在南、北哪个半球，该半球各纬线圈的昼弧就长于夜弧，昼长夜短，且纬度越高，昼越长，夜越短。北半球自春分日至秋分日，太阳直射在北半球，北半球各地昼长夜短，越向北，昼越长，在北极圈内有极昼现象；南半球则反之。北半球自秋分至春分日，太阳直射在南半球，北半球各地昼短夜长，越向北，昼越短，在北极圈内有极夜现象；南半球则反之。在春分和秋分日，太阳直射在赤道上，晨昏线（圈）正好通过两极，把所有的纬线圈一分为二，昼弧等于夜弧，全球昼夜等长。

> 赤道上由于总是被晨昏线（圈）一分为二，昼弧等于夜弧，所以全年昼夜等长。

就昼夜长短的季节变化而言，在北半球，一年中越接近夏至日，昼越长夜越短；越接近冬至日，昼越短夜越长。每年夏至日，昼长达一年之中的最大值，北极圈及其以北地区到处出现极昼现象；每年冬至日，昼长达一年之中的最小值，北极圈及其以北地区到处出现极夜现象。赤道以南的纬度带情况正好相反。

逸闻轶事——历法之争

1667年腊月的一天，清朝王宫里气氛异常紧张，大学士图海和辅政大臣鳌

天外有天——宇宙揭秘

拜正在十四岁的康熙皇帝面前激烈争吵着。

争吵的焦点是在历法问题上。原来，康熙的父亲顺治皇帝在世的时候，十分赏识一个名叫汤若望的德国传教士，汤若望运用当时西方比较先进的科学知识，改革了中国传统的历法，编制了一部新历法。顺治死后，由于鳌拜以前同他有矛盾，便不问青红皂白，立即罢免了汤若望，废除了新历法。然而，根据旧历法测得的天文数据常常不准，于是，敢于直言的图海便挺身而出，要求恢复新历法。鳌拜、图海，各持己见，到底谁是谁非呢？康熙一时很难决断。散朝后，他请来几位精通天文历算的老师，按时给自己上课。

◆康熙皇帝

康熙经过艰苦学习，反复实践，终于确认新历法是切实可行的。他十六岁时，机智果断地处掉了专权误国的鳌拜，改组了钦天监。从此，新历法又重见天日。

历法的制定

历法就是人们推算年月日的时间长度和它们之间的关系、制定时间序列的法则。古今中外使用过的历法很多。

公历即阳历，是世界大多数国家通用的立法。它通过设置闰年的方法，使历年的长度接近于回归年（365.2422天）。公历设闰法则为：以公元纪年为标准，凡能被4除尽的年份为闰年，但逢整百年的年份，只有能被400除尽的才为闰年。平年的2

◆浑天仪

慧眼洞察身边的世界

月份为28天，闰年的2月份增加一天，即29天。其余大月31天，小月30天，且每年的大、小月份是固定的。这样，公历平年为365天，闰年为366天。

阴历根据朔望月来定月。由于朔望月的变化周期为29.53天，所以阴历的大月为30天，小月为29天，这样1年12个月就是354天，这便是真正的阴历。

名人介绍——祖冲之

祖冲之公元429年生于建康（今江苏南京）。祖家历代都对天文历法素有研究，祖冲之从小就有机会接触天文、数学知识。公元461年，他在南徐州（今江苏镇江）刺史府里从事，先后任南徐州从事史、公府参军。公元464年他调至娄县（今江苏昆山东北）任县令。在此期间他编制了《大明历》，计算了圆周率。宋朝末年，祖冲之回到建康任谒者仆射，此后直到宋灭亡一段时间后，他花了较大精力来研究机械制造。公元494年到498年之间，他在南齐朝廷担任长水校尉一职，受四品俸禄。鉴于当时战火连绵，他写有《安边论》一文，建议朝廷开垦荒地，发展农业，安定民生，巩固国防。公元500年祖冲之在他72岁时去世。

◆祖冲之

现在我们仍在使用的农历（或夏历），它既用朔望月来定月，又用设置闰月的办法使历年的平均长度接近于回归年。因此，农历实际上是一种阴阳合历，又称阴阳历。它的平年即阴历年，只有354天。但阴历年与回归年相比，两者相差约11天，三年就相差33天。为使农历历法适应季节变化周期，约每隔三年就要设置一个闰月，有闰月的这一年就

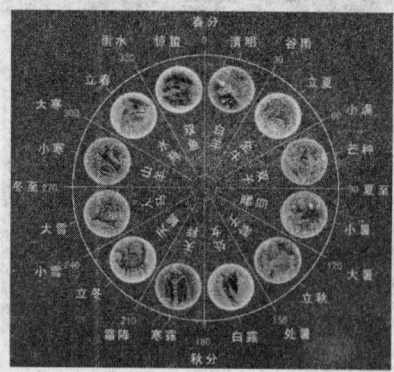

◆24节气

天外有天——宇宙揭秘

叫闰年，增加的那个月就叫闰月。闰年有13个月，共384日或385日。

节气与农业

节气，是我国农历中把回归年划分成的24个段落，每个段落相当于地球在公转轨道上运行15°所需的时间。早在公元前200多年，我国《吕氏春秋》就记载了24节气。24节气的创立，是我国古代劳动人民智慧的结晶，与农业生产实践密切相关。因此，24节气一直在我国农村广泛使用，成为农业生产的主要依据。下面是一首流传于黄河中游一带的节气歌：

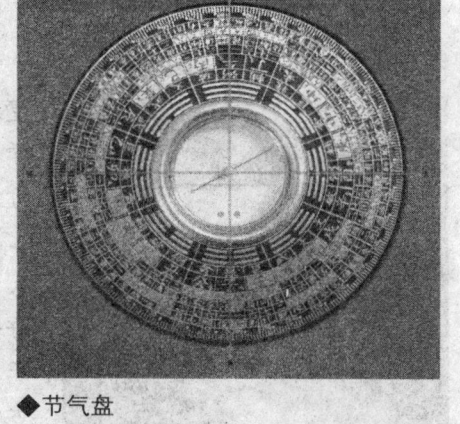

◆节气盘

"立春阳气转，雨水燕河边；惊蛰乌鸦叫，春分沥水干；清明忙种麦，谷雨种大田；立夏鹅毛住，小满雀来全；芒种五月节，夏至不带棉；小暑不算热，大暑三伏天；立秋忙打靛，处暑动刀镰；白露正割地，秋分无生田；寒露还不冷，霜降变了天；立冬交十月，小雪地封严；大雪河结冰，冬至不行船；小寒不太冷，大寒三九天。"

◆谷雨种大田

当然，我国幅员辽阔，在同一节气，南方和北方的气候差异往往较大，农事活动也不尽相同。

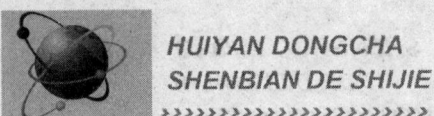

慧眼洞察身边的世界

生活中的地理知识

繁星点点——星空观察

◆星座的魅力

星座在天文学中占重要的地位；占星术也假借黄道12星座的形象，但天文学家都把占星术视为没有使用真正科学方法的伪科学。

国际天文学联合会用精确的边界把天空分为八十八个正式的星座，使天空每一颗恒星都属于某一特定星座。这些正式的星座大多都根据中世纪传下来的古希腊传统星座为基础。

为认星方便，人们按空中恒星的自然分布划成的若干区域。大小不一。每个区域叫做一个星座。用线条连接同一星座内的亮星，形成各种图形，根据其形状，分别以近似的动物、器物。寒来暑往，斗转星移。夜幕中的大自然为我们展现了它的神奇和壮观，繁星闪烁的夜空足以引起每个人的兴趣。

星座的划分

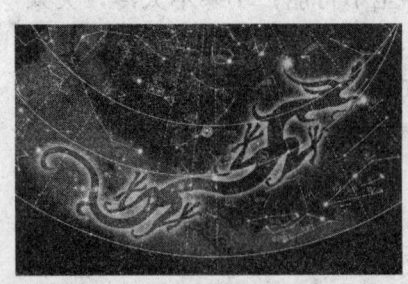

◆青龙星宿图

人类肉眼可见的恒星有近六千颗，每颗均可归入唯一一个星座。每一个星座可以由其中亮星的构成的形状辨认出来。

中国在观星上的成就要比西方早，中国人说三垣28宿，把天上星座分成三大块28类，而不是只有西方的12星座。

天外有天——宇宙揭秘

其中最重要的就是紫微垣。中国的观星术，现在统称紫微星座，与西方的十二星座相区别。紫微星座共有十四主星，分别是紫微、天机、太阳、武曲、天同、廉贞、天府、太阴、贪狼、巨门、天相、天梁、七煞、破军。

◆战国曾侯乙漆箱二十八宿图

广角镜——半人马座的传说

◆希腊神话中的半人马

半人马是希腊神话中一种半人半马的怪物。他们的上半身是人的躯干，包括手和头，下半身则是马身，也包括躯干和腿。

关于半人马的来源在希腊神话中有许多不同的故事，有一种说法说他们是伊克西翁与涅斐勒（她是云雨的仙女）的后代，另一种说法是伊克西翁酒醉后开始对神后赫拉动手动脚，在宙斯的帮助下，赫拉将一块云化为自己的形象，半人马是伊克西翁与这块云的后代，或伊克西翁与这块云的儿子的後代等等。半人马在天空的代表星座是半人马座和人马座。

1928年国际天文学联合会正式公布国际通用的88个星座方案。同时规定以1875年的春分点和赤道为基准。根据88个星座在天球上的不同位置和恒星出没的情况，又划成五大区域，即北天拱极星座（5个）、北天星座（19个）、黄道十二星座（天球上黄道附近的12个星座）、赤道带星座（10个）、南天星座（42个）。

HUIYAN DONGCHA SHENBIAN DE SHIJIE
慧眼洞察身边的世界

◆星宿图

全天的88个星座是：

北天拱极星座（5个）：小熊座（最靠近北天极）、大熊座、仙后座、天龙座、仙王座。

北天星座（19个）：蝎虎座、仙女座、鹿豹座、御夫座、猎犬座、狐狸座、天鹅座、小狮座、英仙座、牧夫座、武仙座、后发座、北冕座、天猫座、天琴座、海豚座、飞马座、三角座（小星座）、天箭座（小星座）。

黄道十二星座（12个）：巨蟹座、白羊座、双子座、宝瓶座、室女座、狮子座、金牛座、双鱼座、摩羯座、天蝎座、天秤座、人马座。

赤道带星座（10个）：小马座、小犬座、天鹰座、蛇夫座、巨蛇座、六分仪座、长蛇座、麒麟座、猎户座、鲸鱼座。

南天星座（共42个）：天坛座、绘架座、苍蝇座、山案座、印第安座、天燕座、飞鱼座、矩尺座、剑鱼座、时钟座、杜鹃座、南三角座、圆规座、蝘蜓座、望远镜座、水蛇座、南十字座（小星座）、凤凰座、孔雀座、南极座、网罟座、天鹤座、南冕座、豺狼座、大犬座、天鸽座、乌鸦座、南鱼座、天兔座、船底座、船尾座、罗盘座、船帆座、御夫座、半人马座、波江座、盾牌座、天炉座、唧筒座、雕具座、显微镜座、巨爵座。

天空中有哪些星座？你能在晴朗的夜晚找到北斗七星和北极星吗？

生活中的地理知识

天外有天——宇宙揭秘

SHENGHUO ZHONG
DE DILI ZHISHI

星空观察

辨认星座时，因根据星图和说明，先找到星座中最亮的几颗恒星，然后在根据星图中整个星座。但是，在认识白羊，金牛，双鱼，双子，巨蟹，狮子，室女，天秤，天蝎，人马，魔羯，宝瓶，这十二个位于黄道上的星座时，有时可能看到在星图上找不到的个别亮星，那多半是太阳系中的行星。肉眼可以看到的行星只有水星，金星，土星，木星，火星。

全天共有八十八个星座，但在某个固定点观测，通常只能看到一部

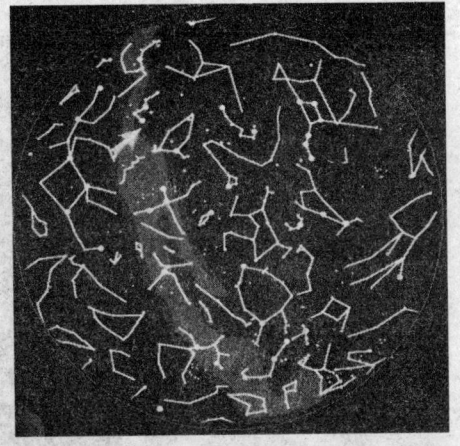
▶九月星空图

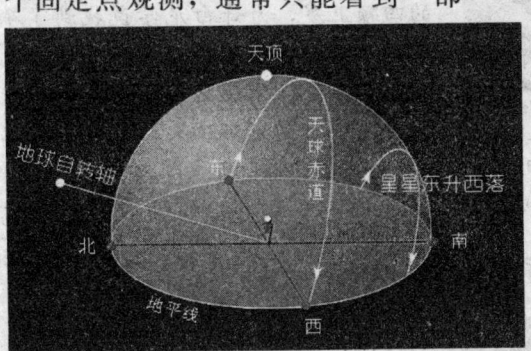
◆天球

分。无论怎样随地球自转，北极的观测者都永远只能看到北极星所在的那一半星空；南极观测者则相反，只能看到南半星空。赤道上的观测者，原则上能看到整个星空，因为他在随地球自转的过程中几乎能看到所有方向的星星。如北半球观测者无论怎样随地球自转，南极上空的一部分星空始终在他的地平线之下是看不见的；而北极星周围的一部分星空却永远在他的地平线之上，至于另外的天体，有时在观测者之上，有时却转为观测者之下，也就是说，这些方向的星星在当地的地平线上下每日东升西落。

生活中的地理知识

HUIYAN DONGCHA SHENBIAN DE SHIJIE
慧眼洞察身边的世界

名人介绍：望远镜的发明者——伽利略

◆伽利略

伽利略（Galileo Galilei，1564～1642年），意大利物理学家、天文学家和哲学家，近代实验科学的先驱者。伽利略著有《星际使者》、《关于太阳黑子的书信》、《关于托勒玫和哥白尼两大世界体系的对话》和《关于两门新科学的谈话和数学证明》。

1609年，伽利略创制了天文望远镜（后被称为伽利略望远镜），并用来观测天体，他发现了月球表面的凹凸不平，并亲手绘制了第一幅月面图。1610年1月7日，伽利略发现了木星的四颗卫星，为哥白尼学说找到了确凿的证据，标志着哥白尼学说开始走向胜利。借助于望远镜，伽利略还先后发现了土星光环、太阳黑子、月球的运动，以及银河是由无数恒星组成等等。这些发现开辟了天文学的新时代。

在北面天空有一个著名的星座叫大熊星座。它是北极区最亮最重要的星座。大熊座中有七颗较亮的星，它们在天空排列成一个勺子形状，很象古人盛酒的勺，所以称为北斗，也叫北斗七星。北斗七星不仅能帮人们判断方向，而且能指示不同的季节。

季节不同，北斗七星在天空中的位置也不尽相同，因此，我国古代人们就根据它的位置变化来确定季节："斗柄东指，天下皆春；斗柄南指，天下皆夏，斗柄西指，天下皆秋；斗柄北指，天下皆冬。"

在晴朗的夜晚，我们每隔一段时间观察天空时，一定会发现满天

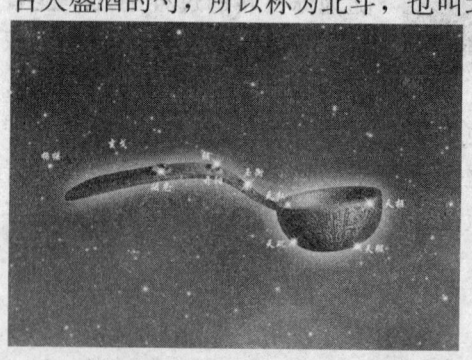

◆北斗七星

生活中的地理知识

天外有天——宇宙揭秘

繁星都从东向西移动了位置，而有一颗星看上去却始终不动，满天的星星都围绕者这颗星旋转，它成为却星的旋转中心。这颗不动的星就是北极星。这种自然现象是由于地球自转引起的。地球自转轴的轴线的北段直指北极星附近，所以从地球上看去，北极星都始终不动。其他星星都绕着它在转动。

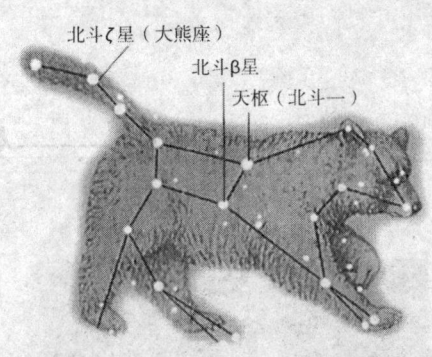

◆大熊座

神话故事——北斗七星的传说

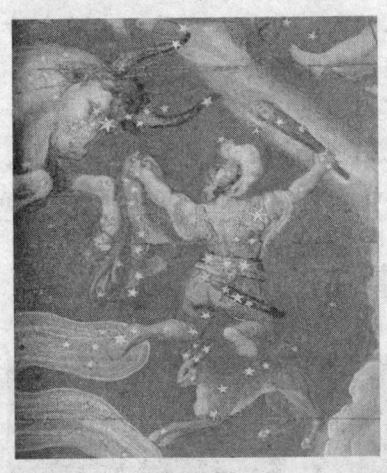

◆画家笔下的星座部分

中国古称北斗七星为北斗神君，俗谚有"南斗注生，北斗注死"，认为北斗神君掌握人的生死大权，传说彭祖就是向北斗乞寿因此才有活了八百岁的神话，又相传北斗本有九星，其中两颗星深藏于斗中，是玉皇大帝元神所在，不易被人看见，若有人看见即能延年增寿，传说汉朝相国霍光家里有一个仆人，有一天看到北斗七星的斗杓内有两颗亮星，他虔诚地跪拜，因此增加了六百岁的寿命，由此传说看来，大、小熊星座实在很值得大家好好地观看。

我们在观察星空时，需选择固定的时间和固定的地点，在同一方向和位置定期观察，没有天文望远镜的观测者，可用支架支起一块玻璃观察星空。

飞碟——外星人的使者

◆飞碟

外星人是人类对地球以外智慧生物的统称。古今中外一直有关于"外星人"的假想，在各国史书中也有不少疑似"外星人"的奇异记载，但现今人类还无法确定是否有外星生命，甚至是"外星人"的存在。现也引申比喻为完全不了解社会现状的人、在某方面能力超过常人的人。外星人在思维空间生活是人们想象出来的。

外星人的报道时常见诸报端，很多人声称见过飞碟，甚至见过外星人，同时他们也拍到了各种各样的有关飞碟的照片。这一切到底是真是假，外星人真的存在么？

著名外星人事件

大金字塔——科学无法解释埃及"大金字塔"是如何建造的，无法对它们排列和设计得如此完美作出合理解释。有人认为，数千年前外星人一定在建造这些宏伟建筑物方面扮演着一个重要角色。

罗斯韦尔外星飞碟坠毁事件——1947年7月8日，美国新墨西哥州罗斯维尔的《每日新闻报》刊出一条耸人听

◆大金字塔

天外有天——宇宙揭秘

闻的消息："空军在罗斯维尔发现坠落的飞碟。"这条新闻马上被《纽约时报》等各大报刊转载，通过无线电波传遍世界。这条消息像一枚重磅炸弹，在美国公众中引起轩然大波。人们从四面八方奔向美国南部的新墨西哥州。在距罗斯威尔20千米外的一片牧场上，蜂拥而至的人流受到一排排铁棚栏和一队队荷枪实弹的士兵们的阻拦……。与罗斯维尔外星飞碟坠毁事件相应的另外一件事是，八日在距满布金属碎片的布莱索农场西边五千米的荒地上，住在梭克罗（Socorro）的一位土木工程师葛拉第（Grady L.）发现一架金属碟形物的残骸，直径约九米；碟形物裂开，有好几个尸体分散在碟形物里面及外面地上。这些尸体体型非常瘦小，身长仅100到130公分，体重只有18公斤，无毛发、大头、大眼、小嘴巴，穿整件的紧身灰色制服。当日军队马上进驻发现残骸的两地，封锁现场。

◆人类想象的外星人

你相信这些外星人事件是真实的吗？你身边也是否发生过此类事件呢？

动物神秘死亡——外星人并没有绑架人类，也没有在人类身体内植入一些奇怪的东西，更没有在农田里留下麦田怪圈，但外星人却到地球来宰杀家畜。自20世纪70年代以来，数百具动物尸体被发现，而且这些动物死亡事件具有无法解释的特点，比如，体内没有了血，器官被用"精确手术"摘除等等。著名的"屠牛事件"就是其中之一。

◆扁平的飞碟

HUIYAN DONGCHA
SHENBIAN DE SHIJIE

慧眼洞察身边的世界

逸闻轶事——屠牛事件

◆离奇的屠牛事件

发生在美国阿肯色洲、俄克拉荷马洲、密苏里洲，据说被残害的牛有上万头。

死亡原因无法解释，因为周围没有一点血迹。一般母牛的眼睛、乳房、还有舌头都会不见的，切割的伤口整整齐齐，一看就不是食肉动物所为。有的被割走脸部的一部分，有的被剖走生殖器、内脏，牛的伤口周围都会变硬，很难再用刀子割动。有五头牛同时被杀，却神奇地等距离地摆在一条线上，而且在死牛尸体的周围的物质被莫名其妙地磁化，还有周围草里面的某些基因发生了改变，所以把这个事件所发生的原因都指向了外星人。

"UFO"的由来

1947年6月24日美国人肯尼斯·阿诺德的遭遇开始。那天下午两点，他驾机从华盛顿的麦哈里斯机场起飞，去搜寻在卡斯开山坠毁的一架C-46型运输机。当时天气晴朗，能见度很高。阿诺德驾机在莱尼尔峰上空3500米的高度飞行时，忽然发现飞机侧前方有一道耀眼的闪光。他环视四周，看到有九个闪闪发光的圆盘形物体，排成两列梯队，正从贝克山方向往南

◆"UFO"事件

◆火星

天外有天——宇宙揭秘

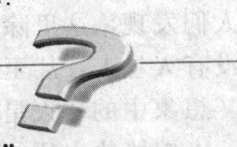

你看过有关"火星人"的电影吗?为什么人们认为火星上有生命呢?

飞来。当它们从飞机前飞过时,阿诺德测算了一下它们的飞行速度,估计为每小时1900千米,是当时一般飞机时速的三倍。阿诺德在接受记者采访时说,这些飞行物"像馅饼碟一样扁平",它们飞行时能够不规则地转向,"就像碟子掠过水面"。

事后他向记者表示:"我发现类似鸢形的闪光物,它又像碟盘一类的器具。它以每小时1931千米的速度疾飞而过,转眼就消逝在白云悠悠的晴空中……"

由于这个生动的比喻,阿诺德遭遇"飞碟"的故事成为当日报纸的头条新闻。于是"飞碟"这个名词,顿时在全世界不胫而走。此后就出现了无数次关于飞碟的事件。

火星人之谜

火星人(Martian)是人们假想的火星上的智慧生物,在为数不少的科幻作品中皆有登场。但到目前为止的调查尚未发现支持火星人存在的证据。那么火星上究竟有没有生命存在呢?

人们对这颗行星上是否有生命的浓厚兴趣,可以追溯到1877年。那一年,有位名叫希亚帕莱里的意大利天文学家,首次注意到了火星表面的痕迹。他将这些痕迹称作"运河",相信这些"运河"要么是天然的沟渠,要么就是真正的运河——是有智慧的火星人挖掘的。然而,经过科学家的仔细研究,特别是人造卫星对这颗行星拍摄了大量近距离照片,种种迹象表明,火星上不太可能存在生命。它的大气层只及地球大气层的1%,

◆人类假想的"火星人"形象

HUIYAN DONGCHA
SHENBIAN DE SHIJIE

慧眼洞察身边的世界

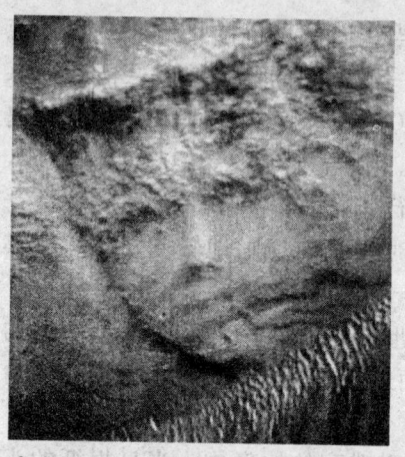

◆火星上的奇异地貌

而且主要是由致命的气体——二氧化碳构成的。

随着1976年海盗号在火星表面的成功着陆,人们发现,这里除了干涸的河道,不仅没有火星人,甚至看不到一滴水的踪影,想象中的"火星文明"根本无迹可寻。人们恍然大悟,绝对没有什么运河的存在,火星的表面是一个很荒芜的,没有一棵树,没有一棵草,也没有水体,干枯,荒凉,表面非常寒冷的这么一个世界。

外星人是否存在

◆火星陨石坑

据自称见过外星人的人们描述,他们所见到的外星人大多是一些个子矮小,脑袋圆大、嘴巴窄长如裂缝、身穿紧身衣的类人生物。但也有人声称他们见到的外星人是高大的巨人、机器人状怪物、满身长毛的怪兽甚至美丽的裸女。对这种现象,有人认为这些外星人不止来自一个星球。另一些人则认为,地球上绝不可能有这么多不同种的外星人同时光临,这种混乱的描述正说明外星人的说法是不足为据的。还有一些人认为,这些确有相当一部分不足为信,但仍有一些可以确认是真实的。

美国康奈尔大学的著名天文学家卡尔·萨根曾指出,在整个

◆勇气号拍摄到的外星人

天外有天——宇宙揭秘

◆"机遇号"火星探测器

银河系中差不多有二千亿颗恒星，这些恒星中有相当一部分带有行星。在这些行星中，与地球环境近似的，估计可能多达一百万颗。既然生命能够在地球上产生和演化，那也就可能同样在这些行星上产生和演化，并发展出智慧生物。而其中必定有一部分，要经现在的人类文明更为先进。因此，这些天文学家们认为，在地球以外的别的星球上出现智慧生命，完全是可能的。

但萨根却对世界各地常常有人遭遇外星人的消息嗤之以鼻。他认为，这些，都是把一些人类掌握的科技加到所谓外星人身上，所描述的外星人形象也大多是人类的变形。而在别的星球，生命进化过程千差万别，外星智慧生命的演化形态很可能与人类完全不同，其掌握的科学技术也会与人类完全两样。而且这些可能产生智慧生命的星球，离地球的距离都在几千或几万光年。因此以为每年甚至每天都有外星人来访的说法，更是完全不现实的。

名人介绍：美国科学家——卡尔·萨根

◆卡尔·萨根

卡尔·萨根（Carl Sagan，1934～1996年），美国人，曾任美国康奈尔大学行星研究中心主任，被称为"大众天文学家"和"公众科学家"。他对人类将无人航天器发送到太空起过重要的作用，在行星科学、生命的起源、外星智能的探索方面也有诸多成就。萨根觉得外星智慧生命的存在，从理论上讲是完全可能的。但各种发现外星人的消息，却大都不足为信。

萨根的看法，大致可以代表严肃的科学家们的意见。这就是说，外星智慧生命的存在，从理论上讲是完全可能的。但各种发现外星人的消息，却大都不足为信。然而仍有一些被认为可靠而目前科学界尚无法解释的事件，以至某些不可理解的史前奇迹，又是否与外星智慧生命有关呢？这一切仍然是个谜。

艰苦的旅程
——神秘的太空生活

◆宇航员太空行走

太空是个充满魅力的神奇世界,在太空的生活更是个充满魅力、令人好奇的神奇话题。

太空环境与地球环境大不相同,那里没有空气,没有重力,充满危险的太空辐射。当然在封闭的空间站或航天飞机舱内,有足够的空气供你呼吸,良好的航天器屏蔽材料可以有效地挡住太空辐射,只是"失重"会给生活带来一些麻烦。

如果用地球上的方式去太空生活,那肯定会闹出很多大笑话。比如吃饭,你端着一碗米饭,那饭会一粒粒飘满你的座舱,你张着嘴可能一粒也吃不着;而你闭上嘴时,饭粒却可能飘进你的鼻孔呛你个半死。你想躺在床上睡个舒服觉,可是你会发现太空中找不到上下的界限,"躺"和"站"几乎没有什么区别……那么宇航员们是如何在太空中吃饭与睡眠的呢?

100多种太空食品

宇航员的食物丰富多彩,从最初的十几种已经发展到了100多种。宇航员每天一般吃4顿饭,一周之内的食谱不重复。有人以为宇航员的食品都是做成牙膏状的挤着吃,肯定很乏味,其实这是早期宇航员的状况,现在早已今非昔比了。宇航员可以在太空中吃到香肠馅饼、辣味烤鱼、土豆

天外有天——宇宙揭秘

烧牛肉、奶油面包、豆豉肉汤、金枪鱼沙拉、饼干、巧克力、酸奶、果脯、果汁等各种各样的佳肴，美国宇航员甚至可以喝到他们爱喝的可口可乐。不过，宇航员必须按营养师为他们配制好的食谱用餐。

太空餐桌是特制的。它具有磁性，能吸住刀、叉、勺、碗、盘等餐具，桌上装有水冷却器和加热器。吃饭时，宇航员必须先把脚固定在地板上，把身体固定在座椅上，以免飘动。面对摆在餐桌上的饭菜，你千万不要着急，一定要注意端碗、夹饭、张嘴、咀嚼一连串动作的协调。端碗要轻柔，动作太猛，饭会从碗里飘出去；夹饭、夹菜要果断，夹就要夹准、夹住，最好不要在碗里乱拨拉，以免饭菜飘走，使用叉子效果最好；饭菜夹住后，张嘴要快，闭嘴也要快，因为即使是放到嘴里的食物，不闭嘴它也会"飞"走；咀嚼时节奏要放慢，细嚼慢咽利于消化，还可以减少体内废气的产生和排泄，避免宇航员生活环境的污染。

有些人最喜欢在吃饭时聊天神侃，而在太空吃饭最忌讳的就是边吃边说。边吃边说会使嘴里嚼碎的食物碎末飞出嘴外，飘在餐厅或生活舱里，宇航员稍不注意吸进鼻腔就容易呛到肺里发生危险。

◆太空食物

◆太空食品（陈皮牛肉）

◆太空食品（莲子羹）

生活中的地理知识

HUIYAN DONGCHA SHENBIAN DE SHIJIE
慧眼洞察身边的世界

逸闻轶事——太空专用洗发液

宇航员的洗发液是特制的。这种洗发液96%的成分是从植物中提取的。由于在太空中不可能有很多的水供给宇航员冲洗头发，所以宇航员使用的洗发液是免冲型的。它在失重的状态下能变为十分细小的颗粒。洗头时，它很容易带走头上的污垢。洗完后，用餐巾纸或毛巾一擦，洗发液就被清除得一干二净。用这种太空洗发液洗过的头发，完全不用发胶、摩丝和吹风机，既能显示头发的自然美又特别容易梳理。

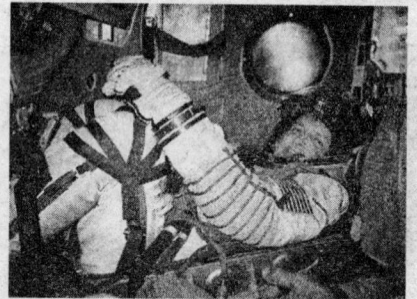

◆宇航员睡姿

> 美籍华人宇航员王赣骏乘坐航天飞机上天时，为了使他能有个好胃口，他的太太做了他平时爱吃的炒羊肉。这道食品被命名为"王太太炒羊肉"。你知道还有哪些特别的太空食品吗？

生活中的地理知识

特别的洗漱方式

宇航员洗脸刷牙比较奇特，为了防止水到处乱飘，一般用湿毛巾擦一擦脸就算是洗脸了；刷牙时，用手指蘸上牙膏来回蹭几下，然后再用湿毛巾把牙齿擦干净刷牙就算完成。如果像在地面上那样刷牙，牙膏泡会飞得满座舱都是。宇航员刮胡子一般使用电动剃须刀，使用时还必须十分小心胡子渣从剃须刀边漏出来。太空舱本来就十分狭小，环保问题就显得极为重要。如果细小的胡渣飘在座舱里，清理起来会十分困难。

> 由于太空的失重环境，在地球上看似简单的洗脸、刷牙、刮胡子、理发以及洗涤，到了太空都变成了很复杂和麻烦的事。

天外有天——宇宙揭秘

◆太空生活

太空理发也很不容易，因此无论男女宇航员在上天之前都要把头发理得短些再短些。但是长时间的飞行，头发又会长长，怎么办？宇航员必须发扬团结合作精神，一人理发，一人拿着吸尘器吸走剪下的头发。

 科技文件夹

在太空中洗澡更为麻烦。宇航员要把脚套在一个固定的环里，不然飘浮的身体被水一冲会不停地翻跟头。失重状态下的水全是一粒粒的小水珠，很容易呛伤人，甚至呛死人，所以洗澡时，宇航员还要戴上呼吸罩和护目罩。洗完澡后，身上的污水不会自动流下来，需要开动水泵连同空气一起抽走。洗一次澡，真正的洗澡时间只有15分钟，可清理污水和其他准备工作却需45分钟。

奇特的太空服

人们对于服装的认识多局限于其蔽体、保暖、美观等功能。当人类进入太空就会发现，航天服的作用早已超出了传统范畴。因为太空接近真空的压力环境，极端的温度环境，缺乏生命所需的氧气，空间的陨尘、碎片

◆神州7号宇航服

◆太空服

HUIYAN DONGCHA SHENBIAN DE SHIJIE
慧眼洞察身边的世界

和空间辐射的威胁等等，都需要为航天员在太空的生活和工作提供良好的防护和保障系统的航天服。

目前，我国自行研制的舱内航天服一般由三部分组成：一是限制层。它是由耐高温、抗磨损材料制成的，用来保护服装内层结构。限制层是航天服承受服装内压力的关键层次，在服装充气加压状态下，限制层会扩张、变硬，严重限制关节活动，从而影响航天员的动作。所以，航天服设计专家在航天服的关节处通常采用一些皱褶的形式，或使用带轴承的密封金属关节，航天员穿上它具有较好的灵活性。二是气密层。这部分用涂有丁基、丁腈或氯丁橡胶的锦纶织物制成，有良好的气密性，防止服装加压后气体泄漏。三是散温层。这部分与内衣裤边接在一起，有许多管道，将全部气流送入头部，然后向四肢躯干流动，经肢体排风口汇集到总出口排出，带走人体代谢产生的热量，以保证航天员身体舒适。

名人介绍——杨利伟

杨利伟，男，大学文化程度，身高1.68米，中国共产党党员。中国人民解放军少将军衔，特级航天员。现任中国航天员科研训练中心的副主任。他是中国培养的第一代航天员，在中共十七大上当选为中央候补委员。杨利伟在原空军部队安全飞行1350小时。2003年10月15日北京时间9时，杨利伟乘坐由长征二号F火箭运载的神舟五号飞船首次进入太空，是中华人民共和国第一位进入太空的太空人。

◆杨利伟

◆杨利伟穿航天服

天外有天——宇宙揭秘

SHENGHUO ZHONG
DE DILI ZHISHI

记者曾问杨利伟，你对航天员的职业怎么看？他说，在飞天的征程上，不仅充满了艰辛，风险也时刻存在，许多勇士还为此付出了生命，但征服太空是航天员的神圣使命，作为一名军人，就是要时刻准备奉献和牺牲。

航天员穿戴的头盔、手套和靴子则更有讲究。

航天员在太空飞行中所戴的头盔的盔壳由聚碳酸酯制成，它不仅能隔音、隔热和防碰撞，而且还具有减震好、重量轻的性能。头盔面部有舷窗，以便航天员看到飞船内外的景象。航天员所戴的手套与航天服相配套，在充气加压后，仍具有良好的活动性能和保暖性能。

一套舱外航天服系统重量大约为 120 公斤，但是在太空中漫步，由于一切都处于失重状态，即便航天员穿上如此笨重的衣服照样可以轻松地行走。

回顾中国飞天历程

神舟五号

2003 年 10 月 15 日 9 时，中国第一艘载人飞船神舟五号成功发射。神舟五号飞船于 2003 年 10 月 16 日 6 时 23 分在我国内蒙古中部草原成功着陆。从此，中国成为世界上继前苏联/俄罗斯和美国之后第 3 个能够独立开展载人航天活动的国家，标志着中国载人航天工程取得了历史性的突破。

神舟六号

2005 年 10 月 12 日凌晨，40 岁的费俊龙和 41 岁的聂海胜登车前往发射场。此时天从人意，刹那间，纷飞的雪花戛然而止。12 日 9 时整，托举着神舟六号飞船的长征二号 F 型运载火箭凌空而起，几秒钟后消失在云层里。10 月 17 日凌晨 4 时 33 分，在航行了 325 万千米之后，飞船返回舱在内蒙古主着陆场平稳着陆。

◆神州五号

HUIYAN DONGCHA SHENBIAN DE SHIJIE
慧眼洞察身边的世界

名人介绍：中国航天员（部分）

费俊龙，男，汉族，江苏昆山人，党员，毕业于长春航校，大学文化。1965年5月出生，1982年6月入伍，1985年5月入党，现为中国人民解放军航天员大队三级航天员，副师职，上校军衔。2005年10月12日随神舟六号飞船和聂海胜一起踏入天空展开为期五天的中国航天第二次载人飞船飞行。

◆费俊龙

◆聂海胜

聂海胜，男，汉族，湖北枣阳人，党员，大学文化。1964年9月出生，1982年加入中国共产主义青年团，1983年6月入伍，1986年12月入党，现为中国人民解放军航天员大队一级航天员，正师职，大校军衔。2005年6月，入选"神舟"六号载人航天飞行乘组梯队成员。2005年10月12日，随神舟六号飞船和费俊龙一起踏入天空展开为期五天的中国航天第二次载人飞船飞行。

神舟七号

7月10日，神舟七号载人飞船运抵酒泉卫星发射中心。8月5日，长征二号F火箭运抵载人航天发射场。9月7日，神舟七号飞船开始加注推进剂。9月25日晚近10时，常万全宣布：神七发射成功！

◆神州七号

地球物语
——自然迷踪

　　自然界存在着许多我们熟悉但又经常忽视的一些事物。比如说夏秋两季的台风,冬春两季的寒潮,江南地区常年出现的阴雨连绵的梅雨天气,很多人都经历过这些,但是很少有人去深入地了解这些自然现象产生的原理,以及我们应该如何去预测预防。本篇内容主要向大家介绍我们生活中经常遇到的一些自然现象,让我们了解一下我们地球的怪脾气。

故乡的夜

——自然风光

自然界中各种自然景物，无时不在发生着变化。日出、日落，阴、晴、雨、雪，都是自然界的景象。从古到今，多少画家用自己的画笔，描绘着祖国壮丽的山河。只有深入生活，才能画出动人心弦的画面。我们在学画的时候，应该多多深入生活，到大自然中去观察、体验，才能创作出一幅幅美丽动人的画面。

地球物语——自然迷踪

奔腾不息——洋流

第一次世界大战期间，德国人在西欧的"敌对国"沿海港外的海域中放置了许多水雷，企图袭击军舰，封锁港口。不料，这些水雷不久便出现在北冰洋的洋面上，并一一触冰爆炸。一时议论纷纷，人们不理解德国人为何在渺无人迹的北冰洋安放水雷。德国人则对这些水雷为什么从大西洋漂移到北冰洋感到疑惑不解。

◆洋流

水雷怎么会从西欧沿岸水域挪到北冰洋？这都是"洋流"在做义务搬运工。大海中有一股水流，类似大陆上的江河，它有规律地顺着地球上恒定的风带按一定方向流动，人们称之为洋流。本节让我们一起来认识海水是如何运动的。

洋流的分类

洋流按成因分为风海流、密度流和补偿流。

风海流，亦称吹送流，漂流：在风力作用下形成的。盛行风吹拂海面，推动海水随风漂流，并且使上层海水带动下层海水流动，形成规模很大的洋流，叫做风海流。世界大洋表层的海洋系统，按其成因来说，大多属于风海流。

密度流，在密度差异作用下引起的

◆密度流

HUIYAN DONGCHA
SHENBIAN DE SHIJIE
慧眼洞察身边的世界

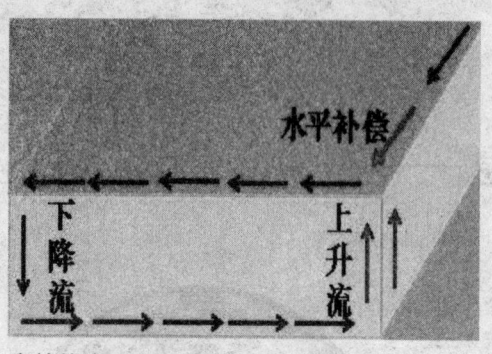

◆补偿流

不同海域海水温度和盐度的不同会使海水密度产生差异，从而引起海水水位的差异，在海水密度不同的两个海域之间便产生了海面的倾斜，造成海水的流动，这样形成的洋流称为密度流。

补偿流，因为海水挤压或分散引起。当某一海区的海水减少时，相邻海区的海水便来补充，这样形成的洋流称为补偿流。补偿流既可以水平流动，也可以垂直流动，垂直补偿流又可以分为上升流和下降流，如秘鲁寒流属于上升补偿流。

海流按其水温低于或高于所流经的海域的水温，可分为寒流和暖流两种。暖流：本身水温比周围水温高，来自水温低处；寒流，亦称凉流、冷流：本身水温比周围水温低，来自水温高处。

小知识

洋流按其水温高低分为寒流和暖流。从全球洋流流动的方向来看：暖流一般从低纬向高纬运动，而寒流则从高纬向低纬运动。

洋流的分布

在假设两侧均为陆地的行星风系和洋流模式图中，南北半球中低纬度和中高纬度各有一个大洋环流。两大环流系统的分布与气压带、风带的分布密切相关。南北赤道暖流、西风漂流为风海流，而大洋东部和西部的洋流则具有补偿流性质。

由于受海陆分布、海陆轮廓形状和

◆西风漂流

地球物语——自然迷踪

洋面大小及季风等因素的影响，世界洋流的实际分布与模式图相比有一定的差别。

1. 在热带和副热带海区，形成以副热带为中心的大洋环流，北半球呈顺时针方向流动，南半球呈逆时针方向流动。

2. 在北半球中高纬度海区，大陆东岸为寒流，大陆西岸为暖流。大洋环流呈逆时针方向流动，规模不及热带和副热带海区。

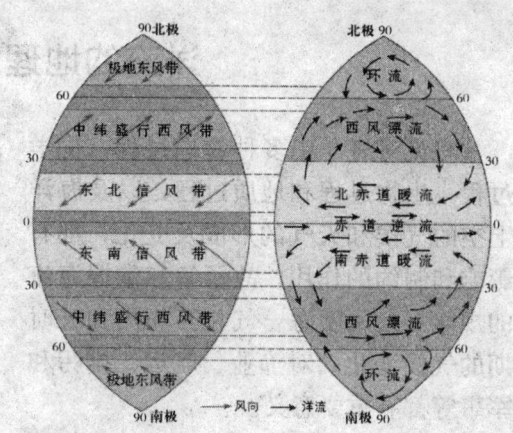
◆世界洋流模式图

3. 在南纬40°～南纬60°，各大洋连为一体，受西风影响，形成环绕南极大陆外围的环球性的西风漂流。

4. 在北印度洋海区，受南亚季风影响，洋流的流向随季风而改变。冬季北印度洋盛行东北季风，洋流呈逆时针方向流动；夏季北印度洋盛行西南季风，洋流呈顺时针方向流动。

 小知识——季风洋流

印度洋北部特有的洋流。洋流随印度洋季风的更替而有季节性的流向转变。冬季盛行东北风，季风洋流向西流，环流系统由季风洋流，索马里暖流和赤道逆流组成。夏季盛行西南风，季风洋流向东流，此时索马里暖流和赤道逆流消失，索马里沿岸受上升流的影响，形成与冬季风相反的索马里寒流。整个环流系统由季风洋流，索马里寒流和南赤道暖流组成，呈顺时针方向流动。

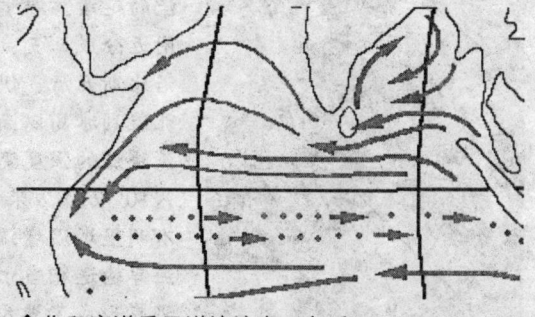
◆北印度洋季风洋流流向（冬季）

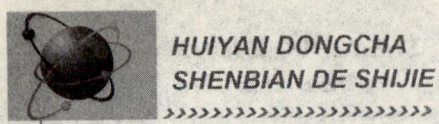

慧眼洞察身边的世界

洋流的地理意义

海流对海洋中多种物理过程、化学过程、生物过程和地质过程，以及海洋上空的气候和天气的形成及变化，都有影响和制约的作用。故了解和掌握海流的规律、大尺度海—气相互作用和长时期的气候变化，对渔业、航运、排污和军事等都有重要意义。

> 读世界洋流分布图，说出各大洋中主要洋流的名称及流向？

对气候的影响

总体来说，暖流增加温度和湿度，寒流降低温度和湿度。对气温的影响洋流使低纬度的热量向高纬度的热量传输，特别是暖流的贡献。洋流对同纬度大陆两岸气温的影响：暖流经过的大陆沿海气温高，寒流经过的大陆沿海气温低。

广角镜——北大西洋暖流

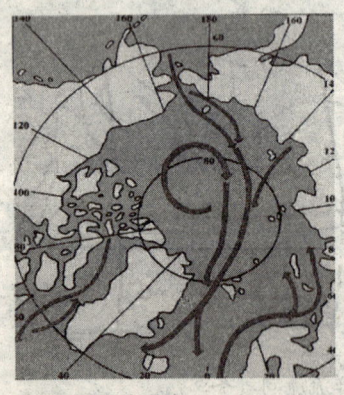

◆北大西洋暖流

大西洋北部势力最强的暖流，系墨西哥湾暖流的延续。源于纽芬兰浅滩外缘，在50°N、20°W附近分成三支：干支经挪威海进入北冰洋，南支沿比斯开湾、伊比利亚半岛外缘南下，北支向西北流到冰岛以南。北大西洋暖流的流量随墨西哥湾暖流的强度变化而变化，其流量值为$2\times10^7 \sim 4\times10^7$万立方米/秒间。该暖流对西欧与北欧气候有明显增温增湿作用。每年向西欧与北欧每千米海岸输送相当于燃烧6000万吨煤释放的热量。使沿岸形成了典型的海洋性气候，1月份平均气温要比同纬度亚洲与北美洲的东海岸高出15～20℃，从而使北欧盛长混交林及针叶林，巴伦支海西南部终年不封冻。

地球物语——自然迷踪

对海洋生物的影响

寒暖流交汇的海区，海水受到扰动，可以将下层营养盐类带到表层，有利于鱼类大量繁殖，为鱼类提供诱饵；两种洋流还可以形成"水障"，阻碍鱼类活动，使得鱼群集中，往往形成较大的渔场，世界四大渔场及其洋流成因如下：北海道渔场：位于日本北海道岛附近，日本暖流和千岛寒流交汇。北海渔场：位于欧洲北海，

◆渔场

北大西洋暖流与极地东风带带来的北冰洋南下冷水交汇。秘鲁渔场：海岸盛行东南信风，为离岸风，导致上升补偿流（亦称涌流）。纽芬兰渔场：加拿大纽芬兰岛附近，北大西洋暖流和拉布拉多寒流交汇。

 **点击**

赤道地区也有企鹅分布，为什么呢？

在太平洋东部赤道地区的科隆群岛（又名加拉帕戈斯群岛），有企鹅分布，是由于受到秘鲁寒流的影响。

洋流与航海

洋流对于航海事业有着重要影响，顺流航行速度快，逆流航行速度慢。哥伦布第一次横渡太平洋到达美洲是逆着北大西洋暖流航行的，一共花了37天；第二次去美洲是顺着加那利寒流和北赤道暖流航行的，只花了20天时间。在船只高度现代化的今天，若能熟悉和掌握洋流规律，仍会有很大好处，如节约时间，缩短运转周期，节约燃料，减少事故等。

你知道世界四大渔场的名称和地理位置吗？它们形成的原因分别是什么呢？

慧眼洞察身边的世界

名人介绍——航海家哥伦布

◆哥伦布

克里斯托弗·哥伦布（约1451～1506年），生于意大利热那亚，卒于西班牙巴利亚多利德。一生从事航海活动。先后移居葡萄牙和西班牙。相信大地球形说，认为从欧洲西航可达东方的印度和中国。在西班牙国王支持下，先后4次出海远航（1492～1493，1493～1496，1498～1500，1502～1504）到达了西欧人认为的美洲大陆，他也因此成为名垂青史的航海家。开辟了横渡大西洋到美洲的航路。先后到达巴哈马群岛、古巴、海地、多米尼加、特立尼达等岛。在帕里亚湾南岸首次登上美洲大陆。

对海洋污染的影响

洋流既可以使污染物因迅速扩散而加快其稀释和净化的速度，也相应地使污染范围扩大。洋流将多个不同洋域的热能传送至不同洋区（热能上的平衡），将多个不同洋域的养分往不同的洋区，将多个不同洋域含氧量不同的海水因洋流分布往不同洋区。

因此洋流在地球的生物圈和物理环境上起了重要而积极的平衡和带动作用，对大部分生物（包括陆地上）有存活上的积极帮助。

地球物语——自然迷踪

SHENGHUO ZHONG
DE DILI ZHISHI

海上"霸主"——台风

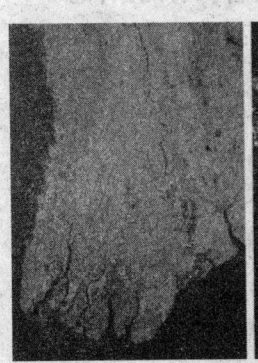

◆ "纳尔吉斯"登陆前后的卫星图片

2008年5月初,在孟加拉湾形成的台风"纳尔吉斯",以190千米至240千米的时速袭击了缅甸。美国宇航局最近公布了热带风暴"纳尔吉斯"袭击缅甸的前后对比卫星照片。左边的卫星图片是4月15日拍摄的,人们可以很清晰地看到河流和湖泊。右边的卫星图片是5月5日拍摄的,照片显示在了热带风暴"纳尔吉斯"袭击缅甸后,整个沿海平原都被淹没。

台风是什么?为什么它具有这么大的破坏力?对这个"破坏王"我们应该如何应对呢?

台风形成

台风属于气旋的一种。它在海洋面温度超过26℃以上的热带或副热带海洋上形成。由于近洋面气温高,大量空气膨胀上升,使近洋面气压降低,外围空气源源不断地补充流入上升去。受地转偏向力的影响,流入的空气旋转起来。而上升空气膨胀变冷,

◆ 旋涡状的台风

生活中的地理知识

慧眼洞察身边的世界

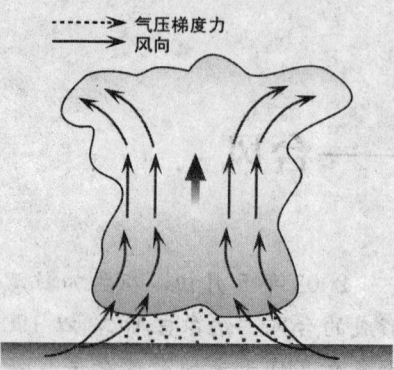

其中的水汽冷却凝结形成水滴时，要放出热量，又促使低层空气不断上升。这样近洋面气压下降，空气旋转得更加猛烈，最后形成了台风。

从台风结构看到，如此巨大的庞然大物，其产生必须具备特有的条件。

一、要有广阔的高温、高湿的大气。热带洋面上的底层大气的温度和湿度主要决定于海面水温，台风只能形成于海温高于26℃～27℃的暖洋面上；

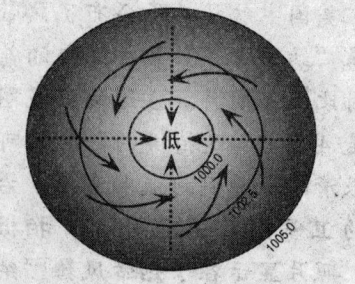

◆气旋内部气流运动状况

二、要有低层大气向中心辐合、高层向外扩散的初始扰动。而且高层辐散必须超过低层辐合，才能维持足够的上升气流，低层扰动才能不断加强；

三、垂直方向风速不能相差太大，上下层空气相对运动很小，才能使初始扰动中水汽凝结所释放的潜热能集中保存在台风眼区的空气柱中，形成并加强台风暖中心结构；

四、地球自转作用有利于气旋性涡旋的生成。地转偏向力在赤道附近接近于零，向南北两极增大，台风基本发生在大约离赤道5个纬度以上的洋面上。

广角镜——台风的分级

台风级别

超强台风（Super TY）：底层中心附近最大平均风速大于51.0米/秒，也即16级或以上。

强台风（STY）：底层中心附近最大平均风速41.5～50.9米/秒，也即14～15级。

台风（TY）：底层中心附近最大平均风速32.7～41.4米/秒，也即12～

地球物语——自然迷踪

13级。

强热带风暴（STS）：底层中心附近最大平均风速24.5～32.6米/秒，也即风力10～11级。

热带风暴（TS）：底层中心附近最大平均风速17.2～24.4米/秒，也即风力8～9级。

热带低压（TD）：底层中心附近最大平均风速10.8～17.1米/秒，也即风力为6～7级。

> 在热带洋面上生成发展的低气压系统称为热带气旋。国际上以其中心附近的最大风力来确定强度并进行分类。

台风源地

◆影响我国台风发源于菲律宾以东的热带洋面

台风源地分布在西北太平洋广阔的洋低纬洋面上。西北太平洋热带扰动加强发展为台风的初始位置，在经度和纬度方面都存在着相对集中的地带。在东西方向上，热带扰动发展成台风相对集中在4个海区：

(1) 中国南海海区；
(2) 菲律宾群岛以东、琉球群岛、关岛等附近海面（最重要的台风发源地）；
(3) 马里亚纳群岛附近海面；
(4) 马绍尔群岛附近海面。

> 影响我国的台风主要来自菲律宾以东的热带洋面上。我国东部沿海地区在夏秋两季经常受到台风的侵袭。

台风移动路径

台风移动的方向和速度取决于作用于台风的动力。以北太平洋西部地区台风移动路径为例，大体有三条：

1. 西进型台风自菲律宾以东一直向西移动，经过南海最后在中国海南

生活中的地理知识

· 71 ·

HUIYAN DONGCHA
SHENBIAN DE SHIJIE

慧眼洞察身边的世界

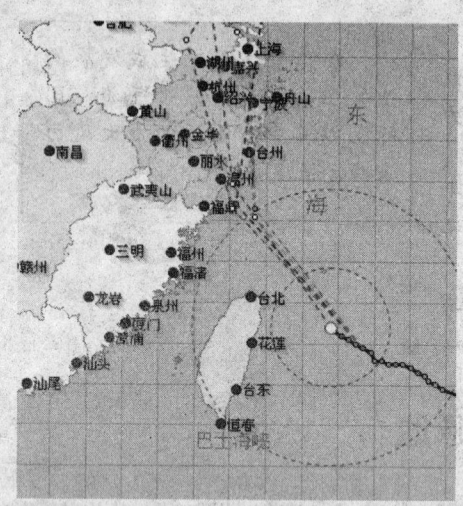

◆台风"韦帕"路径图（登陆型）

岛、广西或越南北部地区登陆，这种路线多发生在北半球冬、春两季。当时北半球副高偏南，所以台风生成纬度较低，路径偏南，一般只在北纬16度以南进入南海，最后在越南登陆，波及泰、柬、缅等国。甚至进入孟加拉湾。

2. 登陆型：台风向西北方向移动，先在台湾岛登陆，然后穿过台湾海峡，在中国广东、福建、浙江沿海再次登陆，并逐渐减弱为热带低压。这类台风对中国的影响最大。

3. 抛物线型：台风先向西北方向移动，当接近中国东部沿海地区时，不登陆而转向东北，向日本附近转去，路径呈抛物线形状，这种路径多发生在5～6月和9～11月。最终大多变性为温带气旋。

 **链接：台风眼**

台风眼位于台风中心区，呈圆形或椭圆形，直径约10km～70km不等，平均约45km。台风眼区的风速、气压均为最低，天气表现为无风、少云和干暖。随着台风的加强，台风眼会逐渐缩小、变圆。而弱台风、以及发展初期的台风，在卫星云图上常无台风眼（但是有时会出现低空台风眼）。

◆"桑美"台风眼

生活中的地理知识

· 72 ·

地球物语——自然迷踪

台风的影响

台风是一种破坏力很强的灾害性天气系统，但有时也能起到消除干旱的有益作用。其危害性主要有三个方面：

1. 大风。台风中心附近最大风力一般为8级以上。

2. 暴雨。台风是最强的暴雨天气系统之一，在台风经过的地区，一般能产生150mm～300mm降雨，少数台风能产生1000mm以上的特大暴雨。1975年第3号台风在淮河上游产生的特大暴雨，创造了中国大陆地区暴雨极值，形成了河南"75.8"大洪水。

◆风暴潮

3. 风暴潮。一般台风能使沿岸海水产生增水，江苏省沿海最大增水可达3m。"9608"和"9711"号台风增水，使江苏省沿江沿海出现超历史的高潮位。

台风过境时常常带来狂风暴雨天气，引起海面巨浪，严重威胁航海安全。登陆后，可摧毁庄稼、各种建筑设施等，造成人民生命、财产的巨大损失。然而，凡事都有两重性，台风是给人类带来了灾害，但假如没有台风，人类将更加遭殃。科学研究发现，台风除了给登陆地区带来暴风雨等严重灾害外，也有一定的好处。

据统计，包括我国在内的东南亚各国和美国，台风降雨量约占这些地区总降雨量的1/4以上，因此如果没有台风这些国家的农业困境不堪想象；此外台风对于调剂地球热量、维持热平衡更是功不可没。

慧眼洞察身边的世界

万花筒

热带地区由于接收的太阳辐射热量最多，因此气候也最为炎热，而寒带地区正好相反。由于台风的活动，热带地区的热量被驱散到高纬度地区，从而使寒带地区的热量得到补偿，如果没有台风就会造成热带地区气候越来越炎热，而寒带地区越来越寒冷，自然地球上温带也就不复存在了，众多的植物和动物也会因难以适应而将出现灭绝，那将是一种非常可怕的情景。

广角镜——台风警报级别标准

◆台风预警信号

信号名称：（1）台风白色预警信号。（2）台风蓝色预警信号。（3）台风黄色预警信号。（4）台风橙色预警信号。（5）台风红色预警信号。

信号含义：（1）48小时内可能受热带气旋影响。（2）24小时内可能受热带气旋影响，平均风力可达6级以上，或阵风7级以上；或已经受热带气旋影响，平均风力为6~7级，或阵风7~8级并可能持续。（3）24小时内可能受热带气旋影响，平均风力可达8级以上，或阵风9级以上；或已经受热带气旋影响，平均风力为8~9级，或阵风9~10级并可能持续。（4）12小时内可能受热带气旋影响，平均风力可达10级以上，或阵风11级以上；或已经受热带气旋影响，平均风力为10~11级，或阵风11~12级并可能持续。（5）本市12小时内可能或者已经受台风影响，平均风力可达12级以上，或者已达12级以上并可能持续。

地球物语——自然迷踪

SHENGHUO ZHONG
DE DILI ZHISHI

小知识 台风红色预警信号防御指南

1. 政府及相关部门按照职责做好防台风应急和抢险工作；2. 停止集会、停课、停业（除特殊行业外）；3. 回港避风的船舶要视情况采取积极措施，妥善安排人员留守或者转移到安全地带；4. 加固或者拆除易被风吹动的搭建物，人员应当待在防风安全的地方，当台风中心经过时风力会减小或者静止一段时间，切记强风将会突然吹袭，应当继续留在安全处避风，危房人员及时转移；5. 相关地区应当注意防范强降水可能引发的山洪、地质灾害。

台风监测预报

加强台风监测和预报，是减轻台风灾害的重要的措施。对台风的探测主要是利用气象卫星。在卫星云图上，能清晰地看见台风的存在和大小。利用气象卫星资料，可以确定台风中心的位置，估计台风强度，监测台风移动方向和速度，以及狂风暴雨出现的地区等，对防止和减轻台风灾害起着关键作用。当台风到达近海时，还可用雷达监测台风动向。建立城市的预警系统，提高应急能力，建立应急响应机制。

◆台风"莫拉克"卫星云图

生活中的地理知识

慧眼洞察身边的世界

生活中的地理知识

冬季"魔王"——寒潮

◆寒潮来袭

寒潮是冬季的一种灾害性天气，人们习惯把寒潮称为寒流。所谓寒潮，就是北方的冷空气大规模地向南侵袭我国，造成大范围急剧降温和偏北大风的天气过程。寒潮一般多发生在秋末、冬季、初春时节。我国气象部门规定：冷空气侵入造成的降温，一天内达到10℃以上，而且最低气温在5℃以下，则称此冷空气爆发过程为一次寒潮过程。可见，并不是每一次冷空气南下都称为寒潮。本节我们就来了解一下寒潮的基本知识。

寒潮的形成

◆寒潮形成冻雨

在北极地区由于太阳光照弱，地面和大气获得热量少，常年冰天雪地。到了冬天，太阳光的直射位置越过赤道，到达南半球，北极地区的寒冷程度更加增强，范围扩大，气温一般都在零下40℃~50℃以下。范围很大的冷气团聚集到一定程度，在适宜的高空大气环流

地球物语——自然迷踪

作用下，就会大规模向南入侵，形成寒潮天气。

我国位于欧亚大陆的东南部。从我国往北去，就是蒙古国和俄罗斯的西伯利亚。西伯利亚是气候很冷的地方，再往北去，就到了地球最北的地区——北极了。那里比西伯利亚地区更冷，寒冷期更长。影响我国的寒潮就是从那些地方形成的。

◆俄罗斯西伯利亚贝加尔湖

位于高纬度的北极地区和西伯利亚、蒙古高原一带地方，一年到头受太阳光的斜射，地面接受太阳光的热量很少。尤其是到了冬天，太阳光线南移，北半球太阳光照射的角度越来越小，因此，地面吸收的太阳光热量也越来越少，地表面的温度变得很低。在冬季北冰洋地区，气温经常在 $-20℃$ 以下，最低时可到 $-60℃$ 到 $-70℃$。1月份的平均气温常在 $-40℃$ 以下。

由于北极和西伯利亚一带的气温很低，大气的密度就要大大增加，空气不断收缩下沉，使气压增高，这样，便形成一个势力强大、深厚宽广的冷高压气团。当这个冷性高压势力增强到一定程度时，就会像决了堤的海潮一样，一泻千里，汹涌澎湃地向

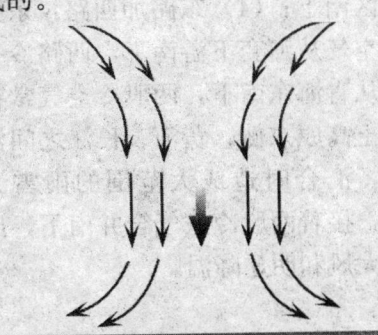

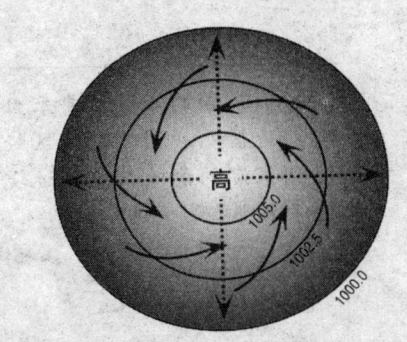

◆反气旋

我国袭来，这就是寒潮。

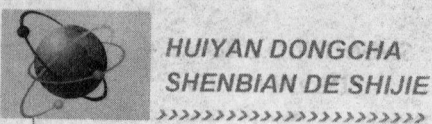

慧眼洞察身边的世界

寒潮的路径

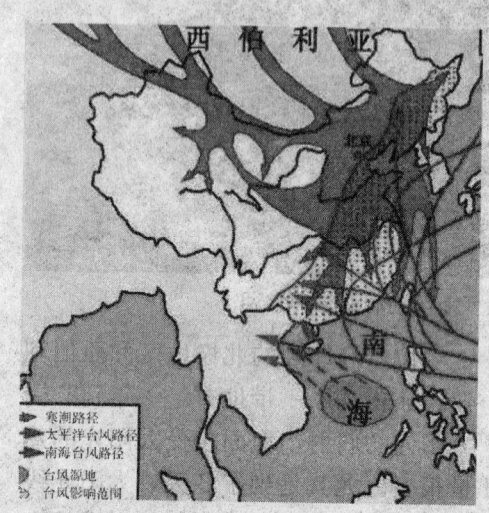

◆我国寒潮和台风路径图

入侵我国的寒潮主要有三条路径：(1) 西路：从西伯利亚西部进入我国新疆，经河西走廊向东南推进；(2) 中路：从西伯利亚中部和蒙古进入我国后，经河套地区和华中南下；(3) 从西伯利亚东部或蒙古东部进入我国东北地区，经华北地区南下；(4) 东路加西路：东路冷空气从河套下游南下，西路冷空气从青海东南下，两股冷空气常在黄土高原东侧，黄河、长江之间汇合，汇合时造成大范围的雨雪天气，接着两股冷空气合并南下，出现大风和明显降温。

寒潮的影响

寒潮和强冷空气通常带来的大风、降温天气，是我国冬半年主要的灾害性天气。寒潮大风对沿海地区威胁很寒潮造成的大面积降雪大，如1969年4月21日～25日那次的寒潮，强风袭击渤海、黄海以及河北、山东、河南等省，陆地风力7～8级，海上风力8～10级。此时正值天文大潮，寒潮爆发造成了渤海湾、莱洲湾几十年来罕见的风暴潮。在山东北岸一带，海水上涨了3米以上，冲毁海堤50多千米，海水倒灌30～40千米。

> 影响我国的寒潮主要来自于哪些地区？我国哪些地区经常受到寒潮的影响？寒潮过境又会带来哪些影响呢？

地球物语——自然迷踪

SHENGHUO ZHONG
DE DILI ZHISHI

寒潮带来的雨雪和冰冻天气对交通运输危害不小。如1987年11月下旬的一次寒潮过程，使哈尔滨、沈阳、北京、乌鲁木齐等铁路局所管辖的不少车站道岔冻结，铁轨被雪埋，通信信号失灵，列车运行受阻。雨雪过后，道路结冰打滑，交通事故明显上升。寒潮袭来对人体健康危害很大，大风降温天气容易引发感冒、气管炎、冠心病、肺心病、中风、哮喘、心肌梗塞、心绞痛、偏头痛等疾病，有时还会使患者的病情加重。

◆寒潮带来降温降雪

寒潮具有一定的危害，而且对我们的生活造成很大的影响，但是凡事都有两面性，你知道寒潮会带来哪些有益的影响呢？

很少被人提起的是，寒潮也有有益的影响。地理学家的研究分析表明，寒潮有助于地球表面热量交换。随着纬度增高，地球接收太阳辐射能量逐渐减弱，因此地球形成热带、温带和寒带。寒潮携带大量冷空气向热带倾泻，使地面热量进行大规模交换，这非常有助于自然界的生态保持平衡，保持物种的繁茂。

知识广播

寒潮爆发在不同的地域环境下具有不同的特点。在西北沙漠和黄土高原，表现为大风少雪，极易引发沙尘暴天气。在内蒙古草原则为大风、吹雪和低温天气。在华北、黄淮地区，寒潮袭来常常风雪交加。在东北表现为更猛烈的大风、大雪，降雪量为全国之冠。在江南常伴随着寒风苦雨。

生活中的地理知识

"科学就在你身边"系列　　·79·

HUIYAN DONGCHA
SHENBIAN DE SHIJIE
慧眼洞察身边的世界

广角镜——寒潮的益处

寒潮气象学家认为，寒潮是风调雨顺的保障。我国受季风影响，冬天气候干旱，为枯水期。但每当寒潮南侵时，常会带来大范围的雨雪天气，缓解冬天的旱情，使农作物受益。大雪覆盖在越冬农作物上，就像棉被一样起到抗寒保温作用。

有道是"寒冬不寒，来年不丰"，这句话有其科学道理。农作物病虫害防治专家认为，寒潮带来的低温，是目前最有效的天然"杀虫剂"，可大量杀死潜伏在土中过冬的害虫和病菌，或抑制其滋生，减轻来年的病虫害。据各地农技站调查数据显示，凡大雪封冬之年，农药可节省60%以上。寒潮还可带来风资源。科学家认为，风是一种无污染的宝贵动力资源。举世瞩目的日本宫古岛风能发电站，寒潮期的发电效率是平时的1.5倍。

寒潮预警

寒潮预警信号分四级，分别以蓝色、黄色、橙色、红色表示。

寒潮蓝色预警信号

标准：48小时内最低气温将要下降8℃以上，最低气温小于等于4℃，陆地平均风力可达5级以上；或者已经下降8℃以上，最低气温小于等于4℃，平均风力达5级以上，并可能持续。

"瑞雪兆丰年"这句农谚为什么能在民间千古流传？这是因为雪水中的氮化物含量高，是普通水的5倍以上，可使土壤中氮素大幅度提高。

寒潮橙色预警信号

标准：24小时内最低气温将要下降10℃以上，最低气温小于等于4℃，陆地平均风力可达6级以上；或者已经下降10℃以上，最低气温小于等于4℃，平均风力达6级以上，并可能持续。

地球物语——自然迷踪

寒潮橙色预警信号

标准：24小时内最低气温将要下降12℃以上，最低气温小于等于0℃，陆地平均风力可达6级以上；或者已经下降12℃以上，最低气温小于等于0℃，平均风力达6级以上，并可能持续。

寒潮红色预警信号

标准：24小时内最低气温将要下降16℃以上，最低气温小于等于0℃，陆地平均风力可达6级以上；或者已经下降16℃以上，最低气温小于等于0℃，平均风力达6级以上，并可能持续。

◆寒潮预警信号

生活中的地理知识

HUIYAN DONGCHA SHENBIAN DE SHIJIE
慧眼洞察身边的世界

"霉"味十足——梅雨

◆江南梅子成熟时

居住在长江中下游的人们，往往有这样的体验：晴雨多变的春天一过，初夏随着而来，但不久，天空又会云层密布，阴雨连绵，有时还会夹带着一阵阵暴雨。这就是人们常说的"梅雨"来临了。梅雨是指每年6月中旬到7月上、中旬初夏，我国长江中下游指宜昌以东的28～34°N范围内或称江淮流域至日本南部这狭长区域内出现的一段连阴雨天气。此时，器物易霉，故亦称"霉雨"，简称"霉"；又值江南梅子黄熟之时，故亦称"梅雨"或"黄梅雨"。在中国史籍中记载较多。如《初学记》引南朝梁元帝《纂要》"梅熟而雨曰梅雨"。唐柳宗元《梅雨》："梅实迎时雨，苍茫值晚春。"等。梅雨对江南地区人们的生活影响很大，了解梅雨的形成时间和规律是非常必要的。

"梅雨"的由来

"梅雨"的名称是怎么得来的呢？原来它源于我国的一个气象名词。梅雨，在古代常称为黄梅雨。早在汉代，就有不少关于黄梅雨的谚语；在晋代已有"夏至之雨，名曰黄梅雨"的记载；唐代文学家柳宗元曾写过一首咏《梅雨》诗："梅实迎时雨，苍茫值晚春，

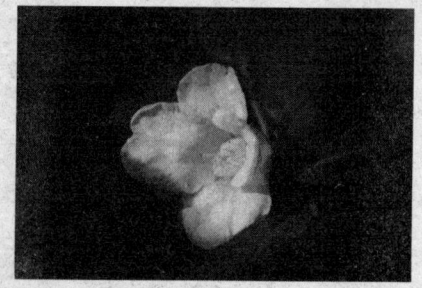

◆梅雨景致

地球物语——自然迷踪

愁深楚猿夜，梦断越鸡晨。海雾连南极，江云暗北津，素衣今尽化，非为帝京尘。"其中的"梅实迎时雨"，指梅子熟了以后，迎来的便是"夏至"节气后"三时"的"时雨"。现在气象上的梅雨是泛指初夏向盛夏过渡的一段阴雨天气。

梅雨的形成

梅雨是如何形成的呢？要回答这个问题，实际上就是要弄清楚停滞在长江中下游地区的雨带是如何造成的。为此，我们要从梅雨期间高、低空的大气环流形势入手，了解梅雨期的天气过程。

长江中下游地区处在欧亚大陆东部的中纬度，一方面受到从寒带南下的冷空气影响，另一方面又受到从热带海洋北上的暖湿空气影响。

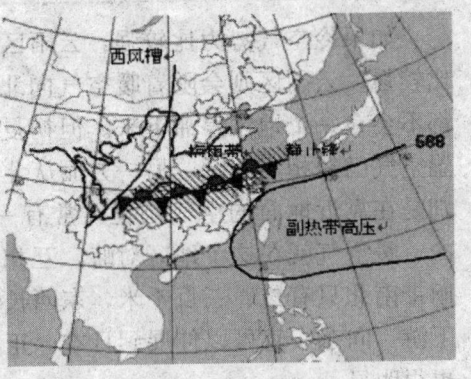

◆梅雨天气形势示意图

> 昆明准静止锋，又称云贵准静止锋。位于云贵高原，主要由变性的极地大陆气团和西南气流受云贵高原地形阻滞演变而形成。云层低而薄，易形成连阴雨天气。贵州高原"三日无一晴"便同昆明准静止锋活动有关。

每年从春季开始，暖湿空气势力逐渐加强，从海上进入大陆，先至华南地区，嗣后进一步增强北移，到了初夏常常伸展到长江中下游地区，有时还可到达淮河及其以北地区。特别是在二、三千米的低空，常有一支来自海洋的非常潮湿的强偏南气流，风速达到每秒十几米到二十米左右。当它进入我国大陆以后，就与从北方南下的冷空气相遇。冷暖空气相遇，交界处形成锋面，锋面附近产生降水，梅雨就属于锋面降水的性质。

慧眼洞察身边的世界

万花筒

梅雨雨带在短时间里也往往有比较小的南北摆动。当冷空气加强时，它稍微南移；当暖空气加强时，它又重新北抬。当这条狭窄的雨带在南北方向做小幅度摆动时，雨带附近的地区就会出现时晴时雨的天气。在这条雨带上，还不时有一个个降雨强度比较大的中心出现。在降雨中心经过的地区，常常会出现一次次大雨或暴雨。

如果冷空气势力比较强，云雨区将随着冷空气向南移动；如果暖空气比较强，云雨区则会随着暖空气向北移动。显然，在这两种情况下，它们都不会在一个地区停滞下来。但初夏时期，在长江中下游地区，一方面暖湿空气已经相当活跃，另一方面从北方南下的冷空气还有一定的力量，特别是在靠近地面的空气层里，常有一小股、一小股的冷空气南下。这样，冷、暖空气就在这个地区对峙，互相争雄，形成一条稳定的降雨带。这条雨带南北只有二、三百千米，东西长却可达二千千米左右，横贯在长江中下游，向东一直可以伸展到日本。正是这条雨带的影响，所以日本的梅雨也很明显。

锋面的种类

锋面是分隔冷、暖两种不同性质气团之间的狭窄的过渡带。按照热力学分类方法，若冷气团主动推动暖气团，则称为冷锋。反之称为暖锋。若冷暖气团相当，则称为准静止锋。

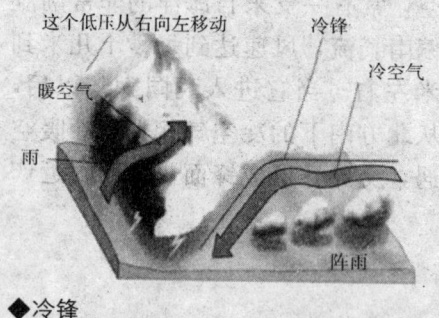

◆冷锋　　　　　　　　　　　　◆暖锋

地球物语——自然迷踪

冷锋：锋面在移动过程中，冷气团起主导地位作用，推动锋面向暖气团一侧移动，这种锋面称为冷锋。冷锋过境后，冷气团占据了原来暖气团所在的位置。

暖锋：锋面在移动过程中，若暖空气起主导作用，推动锋面向冷气团一侧移动，这种锋面称为暖锋。暖锋过境后，暖气团占据了原来冷气团的位置。

准静止锋：当冷暖气团势力相当，锋面移动很慢时，称为准静止锋。事实上，绝对的静止是没有的。在这期间，冷暖气团同样是互相斗争着，有时冷气团占主导地位，有时暖气团占主导地位，使锋面来回摆动。梅雨属于江淮准静止锋。

知识库——不同锋面过境的特征

冷锋在中国一年四季都有，尤其在冬半年更为常见。冷气团在移动过程中，由于变性程度不同，或有小股冷空气补充南下，在主锋后，即同一气团内又可形成一条副锋。一般来讲，主锋两侧的温度差值较大，而副锋两侧的温度差较小。冷锋过境后，气温下降，气压上升，天气多转晴好。

◆锋面雨

暖锋多在中国东北地区和长江中下游活动大多与冷锋联结在一起。暖锋过境后，气温上升，气压下降，天气多转云雨天气。

梅雨的影响

无孔不入的霉菌给生产和生活都带来危害。由于梅雨世界空气湿度很大，粮食如没有晒干或贮存不当，就很容易霉变。衣服如果没有洗涤干净和彻底晒干，草率地收进衣箱，不管是纯棉的、羊毛的，或者是混纺的都

慧眼洞察身边的世界

◆梅雨季节

会长霉。木材、家具等生霉司空见惯，而胶底鞋、轮胎、橡胶管、塑料制品也会生霉，造成木料霉烂、橡胶老化、塑料脆裂和失去光泽。霉菌还能在油漆涂层上生长，使油漆黯然失色；霉菌能使电线漏电，有可能引起火灾；霉菌连玻璃也不放过，照相机、摄像机和显微镜如果保存不当，霉菌就会在镜头上结成网状菌丝，使镜头的透光度大为降低，甚至报废。

生活中的地理知识

万花筒

进入梅雨季节，要注意家具和墙壁之间留有空隙，这样能起到换气的效果；厨房里的水迹要及时擦干，常用排风扇进行排气；经常用热水消毒碗筷、案板、毛巾等厨房用品，也可以用市场上出售的厨房专用除菌剂，效果会更好；不要将衣物放在屋内晾干，否则屋内湿度会明显增大。

广角镜——梅雨与农业生产

梅雨与我国东部广大地区农业生产关系甚为密切。梅雨期间，正是我国长江中下游一带小麦、油菜、蚕豆收割，水稻播种、插秧季节。梅雨来得过早，影响夏收；梅雨来得过晚，又影响夏种；梅雨期过长，降雨量过多，往往造成洪涝灾害；反之则出现旱灾。因而，适时适量的梅雨是农业增产的重要条件。人们只有在生产实践中，掌握梅雨形成、发展和移动规

◆梅雨季节播种水稻

律，才能取得好收成。

防霉措施

用太阳对付霉菌。穿过的衣服不要马上收起，应清洗干净后再收进橱柜，如果是一时不方便清洗的衣物，也要将汗水、灰尘除去之后再收进橱柜；衣物收起来前可以用电熨斗熨烫一下，毛料织物、裘皮服装可直接在太阳下晒干，毛皮衣服需要毛皮朝外晒3个小时；至于被褥等一定要摊开晾晒后再收起来，否则往往外面晒干了，里面还是湿漉漉的。

◆潮湿的梅雨季节

衣物去霉味。梅雨季节，洗好的衣服不易晾干，常会有一股难闻的霉味。可以将衣服放在加有少量醋和牛奶的水中再洗一遍，便能轻松去除霉味。

选用合适防霉用品。梅雨季节，家中应备好一些防霉清洁剂或除湿剂，随时随地为家中角落除湿防霉。例如，可在衣橱、抽屉等处放置盒装的除湿剂，以保持衣物干燥；另外，还可在墙壁、地面、浴室等处使用具有多种功效的消毒防霉抗菌剂；在收纳东西的橱柜里预先铺一层防霉消臭毛巾，可消除霉味或其他异味。

◆用太阳对付霉菌

慧眼洞察身边的世界
HUIYAN DONGCHA SHENBIAN DE SHIJIE

随"季"应变——季风

◆季风气候

季风，在沿海地区又叫舶风。主要是指是大范围盛行的、风向随季节变化显著的风系，和风带一样同属行星尺度的环流系统。

季风活动范围很广，它影响着地球上1/4的面积和1/2人口的生活。季风也直接影响到我国东部地区，因此，认识季风对我们来说是非常必要的。

季风的形成

季风是大范围盛行的、风向有明显季节变化的风系。随着风向的季节变化，天气和气候也发生明显的季节变化。"季风"一词来源于阿拉伯语"mawsim"，意为季节。中国古称信风，意为这种风的方向总是随着季节而改变。

季风形成的原因，主要是海陆间的热力性质的差异。夏季大陆增热比海洋剧烈，气压随高度变化慢于海洋上空，所以到一定高度，就产生从大陆指向海洋的水

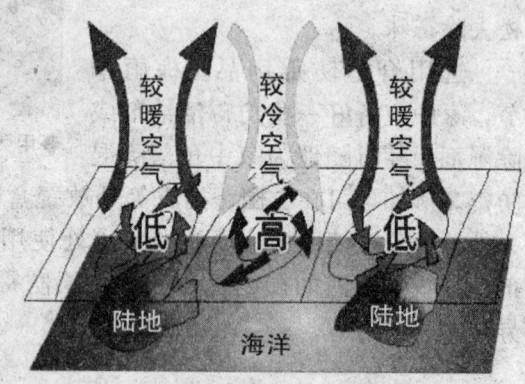

◆夏季海陆之间的气压变化

地球物语——自然迷踪

平气压梯度，空气由大陆指向海洋，海洋上形成高压，大陆形成低压，空气从海洋流向大陆，形成了与高空方向相反气流，构成了夏季的季风环流。在亚洲东部主要为东南季风。夏季风特别温暖而湿润。

冬季大陆迅速冷却，海洋上温度比陆地要高些，因此大陆为高压，海洋上为低压，低层气流由大陆流向海洋，高层气流由海洋流向大陆，形成冬季的季风环流。在亚洲东部主要为西北季风，冬季风十分干冷。

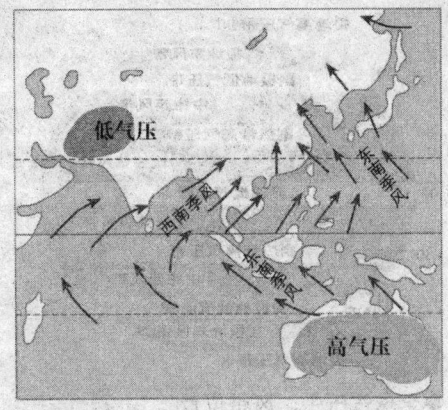
◆亚洲季风（7月）

名人介绍：中国地理学家——竺可桢

竺可桢（1890～1974年），又名绍荣，字藕舫，汉族，浙江上虞人。中国卓越的科学家和教育家，当代著名的地理学家和气象学家，中国近代地理学的奠基人。他先后创建了中国大学中的第一个地学系和中央研究院气象研究所；担任13年浙江大学校长，被尊为中国高校四大校长之一。1974年2月7日竺可桢因肺病在北京逝世，享年83岁。

当然，行星风带位置的季节移动，也是形成季风气候的原因之一。以南亚季风为例：南亚季风夏季吹热湿的西南风，冬季则吹干燥的东北风。除了海陆热力性质差异之外，还

◆竺可桢

"科学就在你身边"系列

HUIYAN DONGCHA SHENBIAN DE SHIJIE
慧眼洞察身边的世界

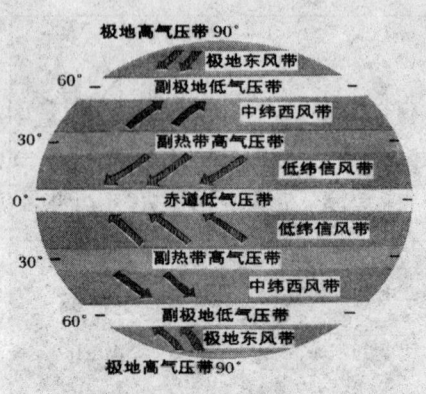

◆全球气压带、风带位置

跟行星风系的季节移动有关。夏季，气压带、风带整体北移，位于南半球的东南信风带也随之北移，越过赤道后受到北半球地转偏向力的影响，因而形成西南季风。冬季，气压带、风带整体南移，整个南亚地区在东北信风带的影响下形成干燥的东北季风。

生活中的地理知识

广角镜——东亚、南亚季风区别

20世纪30年代起，竺可桢先生等我国现代气象学家就十分关注季风的研究。我国气象学家指出，东亚季风和南亚季风的特点和成因不尽相同，东亚季风主要由海陆差异因素引起，而南亚印度季风则以行星风带的季节变化为主因。此外，东亚季风按地理纬度又可分为热带季风，亚热带季风和温带季风等。在季风气候条件下，夏季暖热，冬季寒冷。因此，气温年较差比海洋气候大。一般来说，最冷月出现在1月，表现出大陆性气候特点；最热月出现在7～8月，秋季气温高于春季气温，又表现出海洋性气候特点。

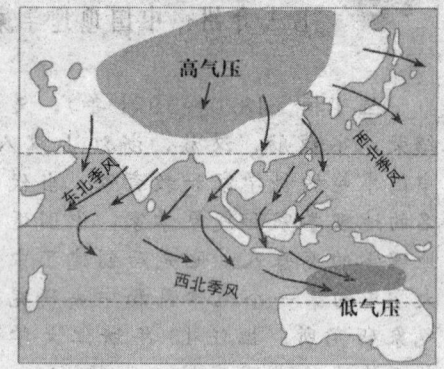

◆亚洲季风（1月）

季风的分布特征

世界上季风明显的地区主要有东亚、南亚、非洲中部、北美东南部、南美巴西东部以及澳大利亚北部，其中以东亚季风和南亚季风最著名。有

地球物语——自然迷踪

季风的地区都可出现雨季和旱季等季风气候。夏季时，吹向大陆的风将湿润的海洋空气输进内陆，往往在那里被迫上升成云致雨，形成雨季；冬季时，风自大陆吹向海洋，空气干燥，伴以下沉，天气晴好，形成旱季。

亚洲地区是世界上最著名的季风区，其季风特征主要表现为存在两支主要的季风环流，即冬

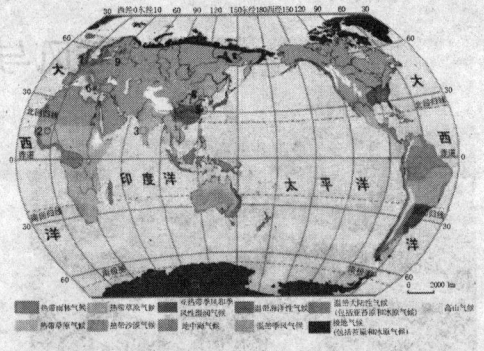

◆世界气候类型图

季盛行东北季风和夏季盛行西南季风，并且它们的转换具有暴发性的突变过程，中间的过渡期很短。一般来说，11月至翌年3月为冬季风时期，6～9月为夏季风时期，4～5月和10月为夏、冬季风转换的过渡时期。但不同地区的季节差异有所不同，因而季风的划分也不完全一致。

美洲、非洲、大洋洲回归线东部沿海地区为什么是亚热带湿润气候而不是亚热带季风气候？两者在气候特点上有何异同？

季风活动范围很广，它影响着地球上1/4的面积和1/2人口的生活。西太平洋、南亚、东亚、非洲和澳大利亚北部，都是季风活动明显的地区，尤以印度季风和东亚季风最为显著。中美洲的太平洋沿岸也有小范围季风区，而欧洲和北美洲则没有明显的季风区，只出现一些季风的趋势和季风现象。

 **小书屋**

夏季风一般经历爆发、活跃、中断和撤退4个阶段。东亚的季风爆发最早，从5月上旬开始，自东南向西北推进，到7月下旬趋于稳定，通常在9月中旬开始回撤，路径与推进时相反，在偏北气流的反击下，自西北向东南节节败退。

季风与农业

◆季风与农业

在季风气候条件下，夏季潮湿多雨，冬季干燥少雨。例如，长沙年降水量1390毫米，3～8月就占71%；南京年降水量1031毫米，4～9月占74%；在季风气候条件下，降水量的多少，雨季的早晚，完全决定于季风进退的早晚和强弱。长沙的雨季就比南京早一个月，到华北，雨季是6～8月，甚至只有7～8月是雨季。雨季的长短与夏季风控制有关系。在季风气候条件下，雨量极不稳定，逐年变化很大。在长沙，多雨年比少雨年的雨量多两倍，南京则多三倍，北京更超过五倍。所以，在季风气候条件下，水旱灾害频繁，是对人们生产和生活极不利的一面。

季风气候的高温与多雨时期基本一致，雨热同期，对发展农业十分有利。因为在作物生长旺盛，最需要水分的时候能有充足的雨水供应。气温年较差大，冬季气温低，可对病虫害的减少起一定作用．但是由于降水量的季节变化和年际变化大，常常造成水旱灾害，因此又常常造成农业减产。

地球物语——自然迷踪

解不开的疑团——厄尔尼诺

厄尔尼诺现象又称厄尔尼诺海流，是太平洋赤道带大范围内海洋和大气相互作用后失去平衡而产生的一种气候现象。正常情况下，热带太平洋区域的季风洋流是从美洲走向亚洲，使太平洋表面保持温暖，给印尼周围带来热带降雨。但这种模式每2—7年被打乱一次，使风向和洋流发生逆转，太平洋表层的热流就转而向东走向美洲，随之便带走了热带降雨，出现所谓的"厄尔尼诺现象"。

◆厄尔尼诺现象

近年来，厄尔尼诺现象对世界各地的气候产生了很大的影响。

"厄尔尼诺"的由来

"厄尔尼诺"一词来源于西班牙语，原意为"圣婴"。19世纪初，在南美洲厄尔尼诺的厄瓜多尔、秘鲁等西班牙语系的国家，渔民们发现，每隔几年，从10月至第二年的3月便会出现一股沿海岸南移的暖流，使表层海水温度明显升高。南美洲的太平洋东岸本来盛行的是秘鲁寒流，随着寒流移动的鱼群使秘鲁渔场成为世界四

◆南美地理位置

"科学就在你身边"系列

慧眼洞察身边的世界
HUIYAN DONGCHA SHENBIAN DE SHIJIE

生活中的地理知识

◆厄尔尼诺导致洪水

◆厄尔尼诺影响渔业

大渔场之一，但这股暖流一出现，性喜冷水的鱼类就会大量死亡，使渔民们遭受灭顶之灾。由于这种现象最严重时往往在圣诞节前后，于是遭受天灾而又无可奈何的渔民将其称为上帝之子——圣婴。

后来，在科学上此词语用于表示在秘鲁和厄瓜多尔附近几千米的东太平洋海面温度的异常增暖现象。当这种现象发生时，大范围的海水温度可比常年高出3～6℃。太平洋广大水域的水温升高，改变了传统的赤道洋流和东南信风，导致全球性的气候反常。

厄尔尼诺现象的基本特征是太平洋沿岸的海面水温异常升高，海水水位上涨，并形成一股暖流向南流动。它使原属冷水域的太平洋东部水域变成暖水域，结果引起海啸和暴风骤雨，造成一些地区干旱，另一些地区又降雨过多的异常气候现象。

20世纪60年代以后，随着观测手段的进步和科学的发展，人们发现厄尔尼诺现象不仅出现在南美等国沿海，而且遍及东太平洋沿赤道两侧的全部海域以及环太平洋国家；有些年份，甚至印度洋沿岸也会受到厄尔尼诺带来的气候异常的影响，发生一系列自然灾害。总的来看，它使南半球气候更加干热，使北半球气候更加寒冷潮湿。科学家对厄尔尼诺现象又提出了一些新的解释，即厄尔尼诺可能与海底地震，海水含盐量的变化，以及大气环流变化等有关。厄尔尼诺现象是周期性出现的，大约每隔2～7年出现一次。

地球物语——自然迷踪

SHENGHUO ZHONG
DE DILI ZHISHI

万花筒

1997年8月至12月，亚洲太平洋地区出现持续干旱，引发了加里曼丹岛和苏门答腊岛上历史上罕见的森林大火。烟雾笼罩了邻近的东南亚国家，使飞机无法降落，高速公路被迫关闭。这场大火给东南亚地区造成了45亿美元的经济损失。

广角镜——厄尔尼诺出现时间

至1997年的20年来厄尔尼诺现象分别在1976～1977年、1982～1983年、1986～1987年、1991～1993年和1994～1995年出现过5次。1982～1983年间出现的厄尔尼诺现象是本世纪以来最严重的一次，在全世界造成了大约1500人死亡和80亿美元的财产损失。进入90年代以后，随着全球变暖，厄尔尼诺现象出现得越来越频繁。

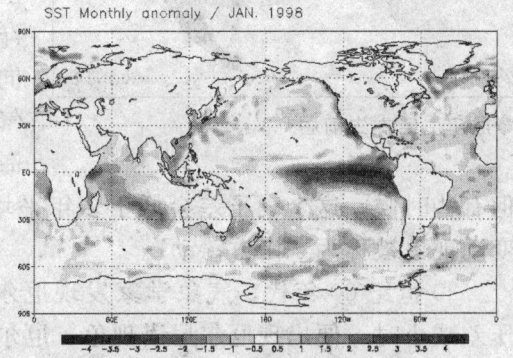
◆1998年厄尔尼诺现象

"厄尔尼诺现象"一般每隔2—7年出现一次。但是，20世纪90年代后，这种现象却出现得越来越频繁了。不仅如此，随周期缩短而来的，是"厄尔尼诺现象"滞留时间的延长。这一现象引起了科学家的注意，虽然对"厄尔尼诺现象"的探索还在进行中，但科学家们普遍认为，"厄尔尼诺现象"的频频发生与地球温暖化有关，其变化的迹象表明，"厄尔尼诺现象"并不仅仅是天灾。

"厄尔尼诺"形成原因

在气象科学高度发达的今天，人们已经了解：太平洋的中央部分是北半球夏季气候变化的主要动力源。太平洋沿南美大陆西侧有一股北上的秘鲁寒流，其中一部分变成赤道海流向西移动，此时，沿赤道附近海

生活中的地理知识

●"科学就在你身边"系列●　　　　　　　　　　　　　　　　　　　　·95·

慧眼洞察身边的世界

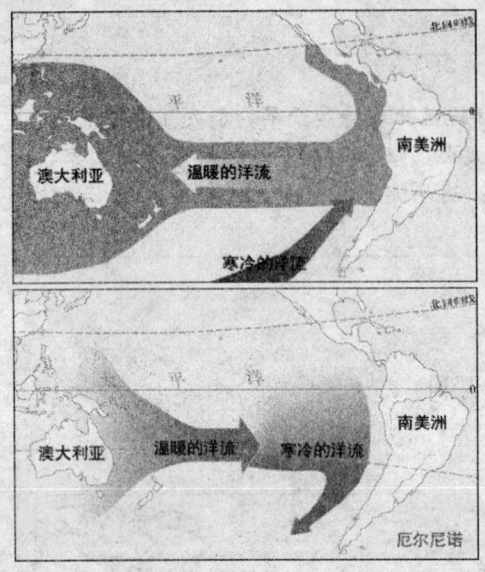

◆厄尔尼诺发生前后

域向西吹的季风使暖流向太平洋西侧积聚，而下层冷海水则在东侧涌升，使得太平洋西段菲律宾以南、新几内亚以北的海水温度升高，这一段海域被称为"赤道暖池"，同纬度东段海温则相对较低。对应这两个海域上空的大气也存在温差，东边的温度低、气压高，冷空气下沉后向西流动；西边的温度高、气压低，热空气上升后转向东流，这样，在太平洋中部形成了一个海平面冷空气向西流，高空热空气向东流的大气环流（沃克环流），这个环流在海平面附近就形成了东南信风。但有些时候，这个气压差会低于多年平均值，有时又会增大，这种大气变动现象被称为"南方涛动"。

20世纪60年代，气象学家发现厄尔尼诺和南方涛动密切相关，气压差减小时，便出现厄尔尼诺现象。厄尔尼诺发生后，由于暖流的增温，太平洋由东向西流的季风大为减弱，使大气环流发生明显改变，极大影响了太平洋沿岸各国气候，本来湿润的地区干旱，干旱的地区出现洪涝。而这种气压差增大时，海水温度会异常降低，这种现象被称为"拉尼娜现象"。

小知识

"南方涛动"，主要指发生在东南太平洋与印度洋及印尼地区之间的反相气压振动。即东南太平洋气压偏高时印度洋及印尼地区气压偏低，反之亦然。

地球物语——自然迷踪

SHENGHUO ZHONG DE DILI ZHISHI

链接：反"厄尔尼诺"——"拉尼娜"现象

拉尼娜是指赤道太平洋东部和中部海面温度持续异常偏冷的现象（与厄尔尼诺现象正好相反）。是气象和海洋界使用的一个新名词。意为"小女孩"，正好与意为"圣婴"的厄尔尼诺相反，也称为"反厄尔尼诺"或"冷事件"。

拉尼娜现象就是太平洋中东部海水异常变冷的情况。东信风将表面被太阳晒热的海水吹向太平洋西部，致使西部比东部海平面增高将近60厘米，西部海水温度增高，气压下降，潮湿空气积累形成台风和热带风暴，东部底层海水上翻，致使东太平洋海水变冷。

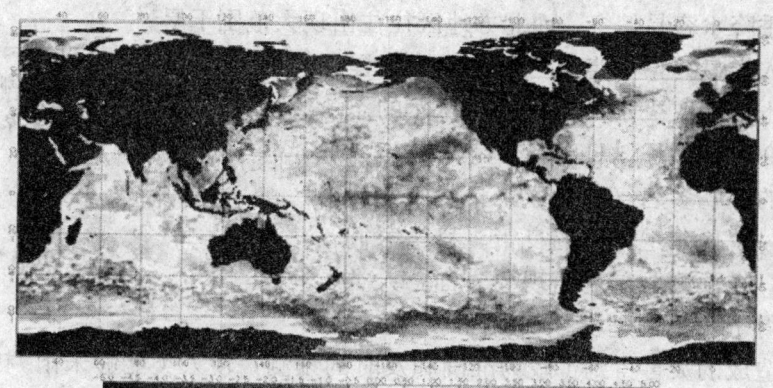

◆拉尼娜现象

"厄尔尼诺"对我国的影响

首先是台风减少，厄尔尼诺现象发生后，西北太平洋热带风暴（台风）的产生个数及在我国沿海登陆个数均较正常年份少。

其次是我国北方夏季易发生高温、干旱，通常在厄尔尼诺现象发生的当年，我国的夏季风较弱，季风雨带偏南，位于我国中部或长江以南地区，我国北方地区夏季往往容易出现干旱、高温。1997年强厄尔尼诺发生后，我国北方的干旱和高温十分明显。

第三是我国南方易发生低温、洪涝，在厄尔尼诺现象发生后的次年，在我国南方，包括长江流域和江南地区，容易出现洪涝，近百年来发生在

慧眼洞察身边的世界
HUIYAN DONGCHA SHENBIAN DE SHIJIE

◆雪灾

我国的严重洪水，如1931年、1954年和1998年，都发生在厄尔尼诺年的次年。我国在1998年遭遇的特大洪水，厄尔尼诺便是最重要的影响因素之一。

最后，在厄尔尼诺现象发生后的冬季，我国北方地区容易出现暖冬。

根据近50年的气象资料，厄尔尼诺发生后，我国当年冬季温度偏高的几率较大，第二年我国南部地区夏季降水容易偏多，而北方地区往往出现大范围干旱。

人类最终彻底走出"厄尔尼诺"怪圈，也许就取决于人类自己对自然的态度。1998年2月3日至5日，来自世界各国的100多名气象专家聚集曼谷，研讨对付"厄尔尼诺"的良策。科学家们认为，在预测厄尔尼诺现象方面，人类已取得了长足的进步。不少因"厄尔尼诺"造成的灾害得到了较为准确和及时的预测，使人类能够未雨绸缪。科学家发出了这样的呼吁：拯救大自然，也就是拯救人类自己。

> 上网查询有关拉尼娜现象的资料，说说拉尼娜现象对我国气候的影响？

生活中的地理知识

地球物语——自然迷踪

雷嗔电怒——可怕的雷电

雷电，是伴随有闪电和雷鸣的一种可怖而雄伟壮观的自然现象。人们通常所说的雷雨，但有时出现了雷电现象而未必有雨，因此雷电这个名词要比雷雨来得确切一些。过去，人们既不能解释这种现象，更谈不上和它斗争，雷电被人们当神来崇拜。自18世纪弗兰克林著名的风筝实验以来，人们致力于雷电及其防护的研究实践已有200年的历史，对雷电的防护已经取得了很大成绩，积累了丰富的经验。

◆电闪雷鸣

雷电形成的原因

雷雨多为对流雨。人们通常把发生闪电的云称为雷雨云，其实有几种云都与闪电有关，如层积云、雨层云、积云、积雨云，最重要的则是积雨云，一般专业书中讲的雷雨云就是指积雨云。

云的形成过程是空气中的水汽经由各种原因达到饱和或过饱和状态而发生凝结的过程。使空气中水汽达到饱和是形成云的一个必要条

◆积雨云

慧眼洞察身边的世界

件,其主要方式有:(1)水汽含量不变,空气降温冷却;(2)温度不变,增加水汽含量;(3)既增加水汽含量,又降低温度。

名人介绍:美国科学家——本杰明·富兰克林

本杰明·富兰克林(Benjamin Franklin)(1706~1790年)是18世纪美国的实业家、科学家、社会活动家、思想家、文学家和外交家。他是美国历史上第一位享有国际声誉的科学家和发明家。为了对电进行探索曾经作过著名的"风筝实验",为了深入探讨电运动的规律,创造的许多专用名词如正电、负电、导电体、电池、充电、放电等成为世界通用的词汇。他借用了数学上正负的概念,第一个科学地用正电,负电概念表示电荷性质。并提出了电荷不能创生、也不能消灭的思想,后人在此基础上发现了电荷守恒定律。他最先提出了避雷针的设想,由此而制造的避雷针,避免了雷击灾难,破除了迷信。

◆本杰明·富兰克林

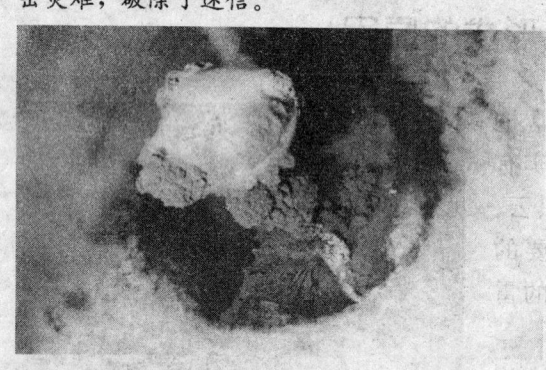

◆迅速扩张的雷雨云砧

对云的形成来说,降温过程是最主要的过程。而降温冷却过程中又以上升运动而引起的降温冷却作用最为普遍。

积雨云就是一种在强烈垂直对流过程中形成的云。由于地面吸收太阳的辐射热量远大于空气层,所以白天地面温度升高较多,夏日这种升温更为明显,所以近地面的大气的温度由于热传导和热辐射也跟着升高,气体温度升高必然膨胀,密度减小,压强也随着降低,根据力学原理

地球物语——自然迷踪

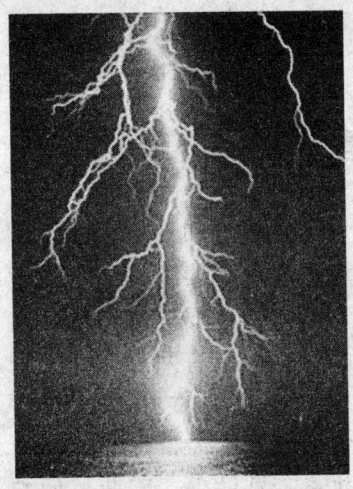

◆闪电

它就要上升，上方的空气层密度相对说来就较大，就要下沉。热气流在上升过程中膨胀降压，同时与高空低温空气进行热交换，于是上升气团中的水汽凝结而出现雾滴，就形成了云。在强对流过程中，云中的雾滴进一步降温，由于过冷水大量冻结而释放潜热，使云顶突然向上发展，达到对流层顶附近后向水平方向铺展，形成云砧，是积雨云的显著特征。

积雨云形成过程中，在大气电场以及温差起电效应、破碎起电效应的同时作用下，正负电荷分别在云的不同部位积聚。当电荷积聚到一定程度，就会在云与云之间或云与地之间发生放电，也就是人们平常所说的"闪电"。

 **逸闻轶事——著名的风筝实验**

在十八世纪以前，人们还不能正确地认识雷电到底是什么。当时人们普遍相信雷电是上帝发怒的说法。他经过反复思考，断定雷电也是一种放电现象，它和在实验室产生的电在本质上是一样的。但富兰克林的伟大设想竟遭到了许多人的冷嘲热讽。富兰克林决心用事实来证明一切。1752年7月的一天，阴云密布，电闪雷鸣，富兰克林和他的儿子威廉一道，带着上面装有一个金属杆的风筝来到一个空旷地带。富兰克林高举起风筝，他的儿子则拉着风筝线飞跑。由于风大，风筝很快就

◆富兰克林的风筝实验

被放上高空。此时，刚好一道闪电从风筝上掠过，富兰克林用手靠近风筝上的铁丝，立即掠过一种恐怖的麻木感。他抑制不住内心的激动，大声呼喊："威廉，

慧眼洞察身边的世界
HUIYAN DONGCHA
SHENBIAN DE SHIJIE

我被电击了！"随后，他又将风筝线上的电引入莱顿瓶中。富兰克林用雷电进行了各种实验，证明了雷电与人工摩擦产生的电具有完全相同的性质。

雷电造成的危害

◆球形闪电

◆雷击事件

雷电所产生的声和光对人与建筑物并无破坏作用，而伴随其同时出现的强大的雷电流是主要的破坏源。这种雷电流的破坏效应有两种，即热的破坏与机械的破坏。在热的破坏方面，由于雷电流产生大量热的过程时间很短，热量不易散失，因此，如遭雷击，附近有易着火的物件时，就往往造成火灾，危害极大。在机械的破坏方面，受雷击物件的导电能力愈小，所受的机械破坏作用愈大；当雷电击中树木、木电杆时，其机械的破坏作用尤为显著。这是由于雷电通路的高温引起木材纤维内湿气的爆发性蒸发而造成劈裂。比较而言，热的破坏比机械的破坏危害结果更为严重。

雷击对生命和财产的危害大致有下面三种情况：

1. 直接雷击。是雷电直接击中人、畜或建筑物产生热的或机械的破坏，造成人身伤亡，建筑物劈裂和引起火灾等的危害事故。直接雷击还会在无避雷设备或避雷设备装置不完善时，发生危险的高电压、跨步电压、接触电压（人接触到雷电流经过的地方，或接触到因雷电流引起电感应的金属物所受到的电压）而可能引起人身伤亡。

生活中的地理知识

地球物语——自然迷踪

2．感应雷击。当附近地区发生雷击时，由电磁场作用而引起静电感应和电磁感应，这两种感应雷的破坏作用虽次于直接雷击，但仍会造成火灾和伤亡事故。

3．由架空线传来的危险电压。各种电力、照明、电讯等使用的架空线都可能把高压引入室内，这些高电压或由于感应而产生或由于附近有落雷而引起。上海受到这种破坏的为数较多，如电车遭受雷击，许多室内电表被击毁，都是由于架空线引入的高电压所引起的。

雷电预防的措施

雷雨时，必须尽量减少在户外或野外逗留，在户外或野外最好穿塑料等不浸水的雨衣；如有条件，可进入有宽大金属架构架或防雷设施的建筑物；如依靠建筑物屏蔽的街道或高大树木屏蔽的街道躲避，要注意离开墙壁和树干8m以上。

◆雷电标志

在野外突然遇到雷雨，必须牢记两条：一是人体位置要尽量降低，避免突出；二是两脚要尽量靠拢，最好选择干燥处下蹲，以减少暴露面积和触地电位差，因为人体与地面接触面积愈大，危险愈大，这样，便可安然无恙。在野外突然遇到雷电，需切实做好"十不要"：（1）不要站在山顶、山脊等高处和躺在地上；（2）不要站在大树下，树林边或草垛旁躲雨；（3）不要靠近孤立的高楼、烟囱、电杆行走；（4）不要穿湿衣服赶路；（5）不要在开阔的水面游泳、划船，应尽快离开水面或稻田；（6）不要靠近金属物体；（7）不要把锄头等工具扛得高高的；（8）不要骑牛、马。不要在空野里骑车；（9）不要使用移动电话；（10）不要站在避雷针附近。

在户内应注意雷电侵入波的危险，应离开照明线、电话线、广播线、电视天线以及与其相连的各种导体，以防止这些线路和导体对人体的二次放电。调查资料说明，户内70%以上对人体二次放电的事故发生在相距1m以内的场合。另外，躲在室内，还应关好门窗，避免过堂风，以防球

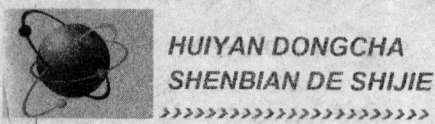

慧眼洞察身边的世界

形雷进入室内伤人。

万花筒

声音在空气中每秒钟只是340米，而光在空气中每秒钟要走30万千米，为声音速度的90万倍呢！光从闪电发生处传到地面的时间，一般仅几十万分之一秒，可是声音跑这段距离就需要较长的时间。所以，就会先看见闪电，后听到雷声。

当雷电流经过接地装置向地面流散时，接地装置附近引起的电位分布不均匀，如有人、畜在这里走动，前后脚所受的电压相差很大，两脚之间的电压差就叫做跨步电压。

生活中的地理知识

地球物语——自然迷踪

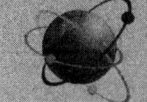
SHENGHUO ZHONG
DE DILI ZHISHI

"发怒"的地球——地震

2010年4月14日7时49分，青海省玉树藏族自治州玉树县发生7.1级强震。截至4月20日17时，地震已造成2064人遇难，失踪175人，受伤12135人，其中重伤1434人。

这是中国第二次为在自然灾害中遇难民众举国哀悼。2008年汶川地震发生以后，中国国务院也曾发出公告，决定2008年5月19日至21日为全国哀悼日。在此期间，

◆为汶川地震祈福

全国和各驻外机构下半旗志哀，停止公共娱乐活动，外交部和中国驻外使领馆设立吊唁簿。5月19日14时28分起，全国人民默哀3分钟，各地汽车、火车、舰船笛声长鸣，防空警报在各城市上空鸣响。

地震是什么？是如何发生的？为什么地震具有这么大的破坏力？我们能为地震灾害做些什么呢？这些问题都值得我们去共同探讨。

地震的成因

地球可分为三层。中心层是地核；中间是地幔；外层是地壳。地震一般发生在地壳之中。地壳内部在不停地变化，由此而产生力的作用（即内力作用），使地壳岩层变形、断裂、错动，于是便发生地震。地震（earthquake）就是地球表层的快速振动，在古代又称为地动。它就像海啸、龙卷风、冰冻灾害一样，是地球上经常发生的一种自然灾害。大地振动是地震最直观、最普遍的表现。在海底或滨海地区发生的强烈地震，能引起巨大

慧眼洞察身边的世界

的波浪，称为海啸。地震是极其频繁的，全球每年发生地震约有550万次。

万花筒

2008年5月12日14时28分04秒，四川汶川、北川，8级强震猝然袭来，大地颤抖，山河移位，满目疮痍，生离死别。这是新中国成立以来破坏性最强、波及范围最大的一次地震。自2009年起，每年5月12日为全国防灾减灾日。

震级和烈度

四川汶川县发生 **8.0** 级地震
5月12日
据国家地震台网重新核定

北京时间
5月12日14时28分
四川省汶川县映秀镇
北纬 31度
东经 103.4度
震级 Ms 8.0

◆汶川地震发生地

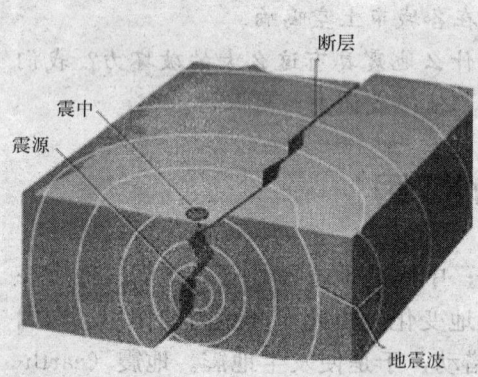

◆地震构造示意图

地震的级别是根据地震时释放的能量的大小而定的。是鞭炮级的还是手榴弹级的还是炮弹级的，还是原子弹级的，还是氢弹级的，所释放的能量通过测定可以计算出来。一次地震释放的能量越多，地震级别就越大。目前人类有记录的震级最大的地震是1960年5月22日智利发生的9.5级地震，所释放的能量相当于一颗1800万吨炸药量的氢弹，或者相当于一个100万千瓦的发电厂40年的发电量。1级地震所释放的能量为200万焦耳（焦耳是能量单位）。每提高一级，能量大约增加31倍。地震级别的测量与计算是美国地震学家里克特在1935年提出来的，所以在说地震级别时常说"里氏"多少多少级地震。

同样大小的地震，造成的破坏不一定相同；同一次地震，在不同的地

地球物语——自然迷踪

SHENGHUO ZHONG
DE DILI ZHISHI

方造成的破坏也不一样。为了衡量地震的破坏程度，科学家又"制作"了另一把"尺子"——地震烈度。在中国地震烈度表上，对人的感觉、一般房屋震害程度和其他现象作了描述，可以作为确定烈度的基本依据。影响烈度的因素有震级、震源深度、距震源的远近、地面状况和地层构造等。

> 1976年唐山地震，震级为7.8级，震中烈度为十一度；受唐山地震的影响，天津市地震烈度为八度，北京市烈度为六度，再远到石家庄、太原等就只有四至五度了。

小知识——影响烈度的因素

一般情况下仅就烈度和震源、震级间的关系来说，震级越大震源越浅，烈度也越大。一般来讲，一次地震发生后，震中区的破坏最重，烈度最高；这个烈度称为震中烈度。从震中向四周扩展，地震烈度逐渐减小。所以，一次地震只有一个震级，但它所造成的破坏，在不同的地区是不同的。也就是说，一次地震，可以划分出好几个烈度不同的地区。这与一颗炸弹爆后，近处与远处破坏程度不同道理一样。炸弹的炸药量，好比是震级；炸弹对不同地点的破坏程度，好比是烈度。

◆地震中被破坏的公路

世界主要地震带

世界上的地震主要集中分布在三大地震带上，即：环太平洋地震带、欧亚地震带和海岭地震带。

环太平洋地震带：是地球上最主要的地震带，它像一个巨大的环，沿北美洲太平洋东岸的美国阿拉斯加向南，经加拿大本部、美国加利福尼亚

生活中的地理知识

·107·

HUIYAN DONGCHA SHENBIAN DE SHIJIE
慧眼洞察身边的世界

生活中的地理知识

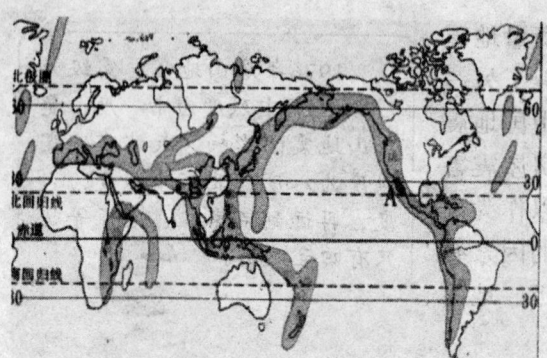

◆世界主要地震带

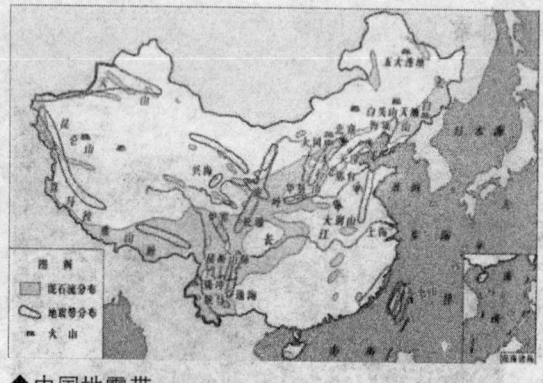

◆中国地震带

和墨西哥西部地区，到达南美洲的哥伦比亚、秘鲁和智利，然后从智利转向西，穿过太平洋抵达大洋洲东边界附近，在新西兰东部海域折向北，再经斐济、印度尼西亚、菲律宾，我国台湾省、琉球群岛、日本列岛、阿留申群岛，回到美国的阿拉斯加，环绕太平洋一周，也把大陆和海洋分隔开来，地球上约有80%的地震都发生在这里。

欧亚地震带：又名"横贯亚欧大陆南部、非洲西北部地震带"、"地中海—喜马拉雅山地震带"主要分布于欧亚大陆，从印度尼西亚开始，经中南半岛西部和我国的云、贵、川、青、藏地区，以及印度、巴基斯坦、尼泊尔、阿富汗、伊朗、土耳其到地中海北岸，一直还伸到大西洋的亚速尔群岛，发生在这里的地震占全球地震的15%。

海岭地震带：是从西伯利亚北岸靠近勒那河口开始，穿过北极经斯瓦尔巴群岛和冰岛，再经过大西洋中部海岭到印度洋的一些狭长的海岭地带或海底隆起地带，并有一分支穿入红海和著名的东非裂谷区。

 小知识

我国地理位置处在世界两大地震带之间，是世界上多地震的国家之一。

地球物语——自然迷踪

SHENGHUO ZHONG DE DILI ZHISHI

广角镜——中国地震烈度表

1976年唐山地震，震级为7.8级，震中烈度为十一度；受唐山地震的影响，天津市地震烈度为八度，北京市烈度为六度，再远到石家庄、太原等就只有四至五度了。

1度：无感，仅仪器能记录到；2度：微有感，一个特别敏感的人在完全静止中有感；3度：少有感，室内少数人在静止中有感，悬挂物轻微摆动；4度：多有感，室内大多数人，室外少数人有感，悬挂物摆动，器皿作响；5度：惊醒，室外大多数人有感，家畜不宁，门窗作响，墙壁表面出现裂纹；6度：惊慌，人站立不稳，家畜外逃，器皿翻落，简陋棚舍损坏，陡坎滑坡；7度：房屋损坏，房屋轻微损坏，牌坊、烟囱损坏，地表出现裂缝及喷沙冒水；8度：建筑物破坏，房屋多有损坏，少数破坏路基塌方，地下管道破裂；9度：建筑物普遍破坏，房屋大多数破坏，少数倾倒，牌坊、烟囱等崩塌，铁轨弯曲；10度：建筑物普遍摧毁，房屋倾倒，道路毁坏，山石大量崩塌，水面大浪扑岸；11度：毁灭，房屋大量倒塌，路基堤岸大段崩毁，地表产生很大变化；12度：山川易景，一切建筑物普遍毁坏，地形剧烈变化动植物遭毁灭；

◆唐山轻工机械厂夷为废墟

地震和刮风下雨一样，都是一种自然现象，在它来临之前是有前兆的，特别是强烈地震，在孕育过程中总会引起地下和地上各种物理及化学变化，给人们提供信息，只要人们认真观测并掌握地震前兆的规律，地震预报总有一天会实现。

地震预报预防

在地震预报方面，我国地震工作者已经取得可喜的成绩。

1975年2月4日海城7.3级地震时，我国做出了成功的预报，这是人类历史上的第一次成功的地震预报。最近十几年又有几次较好的地震预

HUIYAN DONGCHA SHENBIAN DE SHIJIE
慧眼洞察身边的世界

生活中的地理知识

◆地光

◆地震前兆

报。成功的地震预报不但极大地减轻人员伤亡，而且具有明显的经济效益和社会效益。这些说明地震是有前兆的，是可以预测、可以预防的。

大震前有何前兆呢？

1. 地下水异常。由于地下岩层受到挤压或拉伸，使地下水位上升或下降；或者使地壳内部气体和某些物质随水溢出，而使地下水冒泡、发浑、变味等。

2. 动物异常。震前一、二天，牛、马赶不进圈，乱蹦乱跳，嘶叫不止，烦燥不安，饮食减少；一些猪羊不吃食，烦燥不安，乱跑乱窜；狗狂叫不止；鸡不进窝，惊啼不止；鸭不下水；家兔乱蹦乱跳，惊恐不安；鸽子在震前数天惊飞，不回巢；蜜蜂一窝一窝地飞走；老鼠反应最灵敏，在震前一天至数天，老鼠突然跑光了，有的叼着小老鼠搬家；有些冬眠的蛇爬出洞外，上树；鱼惊慌乱跳游向岸边，翻白肚等。

3. 地光和地声。地光和地声是地震前夕或地震时，从地下或地面发出的光亮及声音，是重要的临震预兆。地震有"前震—主震—余震"的规律，要注意掌握。

> 震前动物有预兆：老鼠搬家往外逃；鸡飞上树猪拱圈；鸭不下水狗狂叫；麻蛇冬眠早出洞；鱼儿惊慌水面跳。

地球物语——自然迷踪

SHENGHUO ZHONG
DE DILI ZHISHI

地心之火——火山

地壳之下100至150千米处，有一个"液态区"，区内存在着高温、高压下含气体挥发份的熔融状硅酸盐物质，即岩浆。它一旦从地壳薄弱的地段冲出地表，就形成了火山。能喷出多种物质。

古罗马时期，人们看见火山喷发的现象，便把这种山在燃烧的原因归之为火神武尔卡发怒，于是意大利南部地中海利帕里群岛中的武尔卡诺火山便由此而得名，同时也成为火山一词的英文名称——Volcano。

火山爆发具有强大的威力，甚至能够改变我们地球的构造。

◆火山喷发

火山的形成

火山喷发是岩浆等喷出物在短时间内从火山口向地表的释放。由于岩浆中含大量挥发分，加上覆岩层的围压，使这些挥发分溶解在岩浆中无法溢出，当岩浆上升靠近地表时，压力减小，挥发分被急剧释放出来，于是形成火山喷发。火山喷发是一种奇特的地质现象，是地壳运动的一种表现形式，也是地球内部热能在地表的一

◆火山口

生活中的地理知识

·111·

慧眼洞察身边的世界

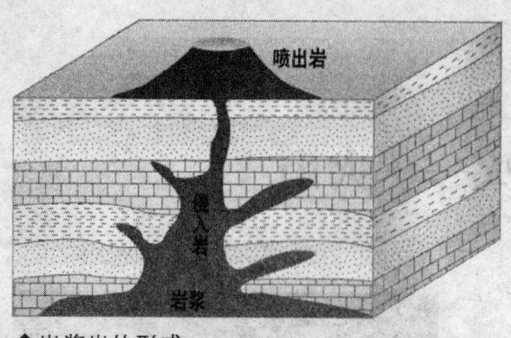

◆岩浆岩的形成

种最强烈的显示。

在距离地面大约32千米的深处存在大量高温液体，其温度之高足以熔化大部分岩石。岩石熔化时膨胀，需要更大的空间。世界的某些地区，山脉在隆起。这些正在上升的山脉下面的压力在变小，这些山脉下面可能形成一个熔岩（也叫"岩浆"）库。这种物质沿着隆起造成的裂痕上升。熔岩库里的压力大于它上面的岩石顶盖的压力时，便向外进发成为一座火山。火山岩是被火山喷发出来的岩浆，当岩浆上升到接近地表的高度，它的温度和压力开始下降，发生了物理和化学变化，岩浆就变成了火山岩。

广角镜——中国的火山喷发

◆黑龙江五大连池

中国最早记录的活火山是山西大同聚乐堡的昊天寺，它在北魏（公元5世纪）时还在喷发（据《山海经据》记载）；东北的五大莲池火山在1719年至1721年，还猛烈喷发过，其情景是："烟火冲天，其声如雷，昼夜不绝，声闻五六十里，其飞出者皆黑石硫磺之类，经年不断……热气逼人30余里"（据《宁古塔记略》）；

1916年和1927年，台湾东部海区的海底火山先后爆发过两次，呈现出"一半是海水，一半是火焰"，蔚为壮观；

1951年5月，新疆于田以南昆仑山中部有一座火山爆发，当时浓烟滚滚，

地球物语——自然迷踪

火光冲天，岩块飞腾，轰鸣如雷，整整持续了好几个昼夜，堆起了一座145米高的锥状体；至于台湾北部海拔1130米的活火山—七星山，迄今还在喷发着大量硫磺热气。

火山的分类

根据火山的活动情况分为三类：

活火山

指现代尚在活动或周期性发生喷发活动的火山。这类火山正处于活动的旺盛时期。如爪哇岛上的梅拉皮火山，本世纪以来，平均间隔两三年就要持续喷发一个时期、我国近期火山活动以台湾岛大屯火山群的主峰七星山最为有名。大陆上，仅6年前在新疆昆仑山西段于田的卡尔达西火山群有过火山喷发记录。火山喷发形成了一个平顶火山锥。

死火山

指史前曾发生过喷发，但有史以来一直未曾活动过的火山。此类火山已丧失了活动能力。有的火山仍保持着完整的火山形态，有的则已遭受风化侵蚀，只剩下残缺不全的火山遗迹、我国山西大同火山群在方圆约123平方千米的范围内，分布着99个孤立的火山锥，其中狼窝山火山锥高将近1900米。

◆日本富士山

◆山西大同火山群（死火山）

慧眼洞察身边的世界

休眠火山

指有史以来曾经喷发过，但长期以来处于相对静止状态的火山。此类火山都保存有完好的火山锥形态，仍具有火山活动能力，或者尚不能断定其已丧失火山活动能力。如我国长白山天池，曾于1327年和1658年两度喷发，在此之前还有多次活动。目前虽然没有喷发活动，但从山坡上一

◆长白山天池（休眠火山）

些深不可测的喷气孔中不断喷出高温气体，可见该火山目前正处于休眠状态。

链接：火山喷发产生的气体可能是恐龙灭绝原因

◆恐龙

伦敦公布的最新科学发现表明，火山喷发产生的气体可能是过去5.45亿年间大量物种、包括恐龙灭绝的原因。

现在印度境内的德干岩群（Deccan Traps）是一系列火山喷发活动后的产物。6500万年前的火山喷发使空气中充满硫磺，并对地球的气候造成了极具破坏性的影响。大型的火山喷发还形成了"洪流玄武岩"（flood basalts），并且是造成史上周期性大量物种灭绝的两个主要原因之一。另外一个原因是小行星活动的影响，这被认为是6500万年前恐龙灭绝的最重要原因。

从前，研究人员对火山的杀伤力一

地球物语——自然迷踪

SHENGHUO ZHONG
DE DILI ZHISHI

直心存怀疑，因为他们不知道火山喷发究竟能释放多少有毒气体。但是在对德干岩石的研究中，一支英国考察队发现了至关重要的线索，揭开了原始火山气体成分的神秘面纱。他们在《科学》杂志上撰文总结道，火山喷发释放的含有大量硫磺和氯气的气体很可能对环境产生"严重"影响。曾在英国开放大学（Open University）供职，现为美国核管理委员会（Nuclear Regulatory Commission）资深火山学家斯蒂芬·塞尔夫说："这一发现肯定能支持我们的结论，但还没有最后证明。在大片洪流玄武岩形成的同时，许多物种神秘地消失了。"

◆印度尼西亚的坦博拉火山爆发

火山对人类的影响

最具威力、最壮观的火山爆发常常发生在俯冲带。这里的火山可能在沉寂数百年之后再度爆发，而一旦爆发，威力就特别猛烈。这样的火山爆发常常会给人类带来世界毁灭。火山对人类的影响主要有以下几个方面：

1. 影响全球气候。火山爆发时喷出的大量火山灰和火山气体，

◆火山爆发时的壮观

对气候造成极大的影响。因为在这种情况下，昏暗的白昼和狂风暴雨，甚至泥浆雨都会困扰当地居民长达数月之久。火山灰和火山气体被喷到高空中去，它们就会随风散布到很远的地方。这些火山物质会遮住阳光，导致气温下降。此外，它们还会滤掉某些波长的光线，使得太阳和月亮看起来就像蒙上一层光晕，或是泛着奇异的色彩，尤其在日出和日落时能形成奇特的自然景观。

生活中的地理知识

"科学就在你身边"系列 · 115 ·

慧眼洞察身边的世界

◆冰岛火山灰

◆冰岛的温泉

◆火山喷发制造陆地

2. 破坏环境。火山爆发喷出的大量火山灰和暴雨结合形成泥石流能冲毁道路、桥梁，淹没附近的乡村和城市，使得无数人无家可归。泥土、岩石碎屑形成的泥浆可象洪水一般淹没了整座城市。岩石虽被火山灰云遮住了，但火山刚爆发时仍可看到被喷到半空中的巨大岩石。

任何事物都有两面性。火山也给人类带来很多惊喜。火山爆发对自然景观的影响十分深远。土地是世界最宝贵的资源，因为它能孕育出各种植物来供养万物。如果火山爆发能给农田盖上不到20厘米厚的火山灰，对农民来说可真是喜从天降，因为这些火山灰富含养分能使土地更肥沃。

火山作用的另一个好处是为我们制造陆地。地球表面大约有71％被海水所覆盖，海底火山经年累月不断地冒出岩浆，冷凝成岩石，如此长期堆积，直到有一天岩石高出水面形成岛屿。夏威夷群岛与冰岛就是这么形成的，至今，岛上还有活动火山不时喷出岩浆。

岩浆只要能留在地表下，就是很好的地热来源。火山附近常有温泉或热泉，这就是因为岩浆散发出的热度使地下水变热而形成的。这种热源我们称为地热，规模大的可形成"地热田"。

地球物语——自然迷踪

SHENGHUO ZHONG
DE DILI ZHISHI

万花筒

火山喷发每年向空气中释放的硫磺量是现在人类每年烧煤和其他工业活动产生硫磺量的10倍，导致了大面积酸雨，以及空气中悬浮硫酸液滴的形成。这使得地表气温下降，正常的循环模式遭到破坏。

生活中的地理知识

慧眼洞察身边的世界

地球不能承受之"热"
——全球变暖

◆地球在变暖

《联合国气候变化框架公约》缔约方第 15 次会议，于 2009 年 12 月 7 日～19 日在丹麦首都哥本哈根召开。12 月 7 日起，192 个国家的环境部长和其他官员们在哥本哈根召开联合国气候会议，商讨《京都议定书》一期承诺到期后的后续方案，就未来应对气候变化的全球行动签署新的协议。这是继《京都议定书》后又一具有划时代意义的全球气候协议书，毫无疑问，对地球今后的气候变化走向产生决定性的影响。这是一次被喻为"拯救人类的最后一次机会"的会议。

这次大会的召开主要是为了应对全球气候变暖的问题。地球气候真的在变暖吗？

全球变暖现状

根据仪器记录，相对于 1860 年至 1900 年期间，全球陆地与海洋温度上升了 0.75℃。自 1979 年，陆地温度上升速度比海洋温度快一倍（陆地温度上升了 0.25℃，而海洋温度上升了 0.13℃）。根据卫星温度探测，对流层的温度每十年上升 0.12℃至 0.22℃。

在 2000 年后，各地的高温记录经常被打破。譬如：2003 年 8 月 11 日，瑞士格罗诺镇录得 41.5℃，破 139 高温下的人们年来的记录。同年，

地球物语——自然迷踪

◆全球变暖导致冰川融化

8月10日，英国伦敦的温度达到38.1℃，破了1990年的记录。同期，巴黎南部晚上测得最低温度为25.5℃，破了1873年以来的记录。8月7日夜间，德国也打破了百年最高气温记录。在2003年夏天，台北、上海、杭州、武汉、福州都破了当地高温记录，而中国浙江省更快速地屡破高温记录，67个气象站中40个都刷新记录。2004年7月，广州的罕见高温打破了五十三年来的记录。2005年7月，美国有两百个城市都创下历史性高温记录。2006年8月16日，重庆最高气温高达43℃。2006年11月11日是香港整个十一月最热的一日，最高气温高达29.2℃，比1961年至1990年的平均最高温26.1℃还要高。

小知识

根据美国国家航空航天局戈达德太空研究所的研究报告估计，自19世纪80年代有测量仪器广泛地应用开始，2005年是最温暖的年份，比1998年的记录高了摄氏百分之几度。

全球变暖原因

近100多年来，全球平均气温经历了：冷→暖→冷→暖四次波动，总的看气温为上升趋势。进入八十年代后，全球气温明显上升。

全球大气层和地表这一系统就如同一个巨大的"玻璃温室"，使地表始终维持着一定的温度，产生了适于人类和其他生物生存的环境。在这一

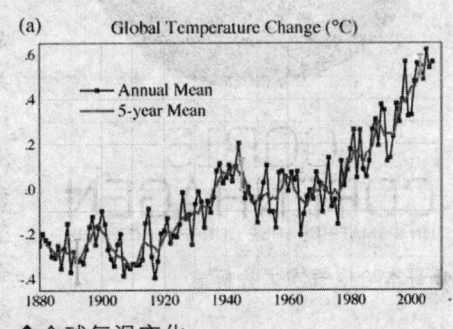
◆全球气温变化

HUIYAN DONGCHA SHENBIAN DE SHIJIE
慧眼洞察身边的世界

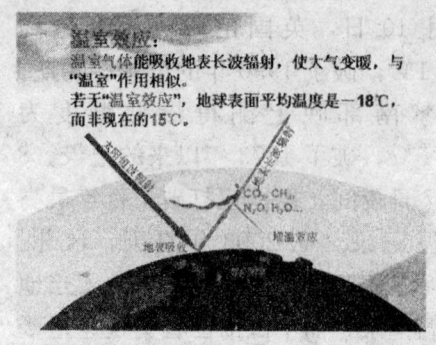
◆温室效应示意图

系统中，大气既能让太阳辐射透过而达到地面，同时又能阻止地面辐射的散失，我们把大气对地面的这种保护作用称为大气的温室效应。造成温室效应的气体称为"温室气体"，它们可以让太阳短波辐射自由通过，同时又能吸收地表发出的长波辐射。这些气体有二氧化碳、甲烷、氯氟化碳、臭氧、氮的氧化物和水蒸气等，过去1000年来全球气温变化示意图其中最主要的是二氧化碳。近百年来全球的气候正在逐渐变暖，与此同时，大气中的温室气体的含量也在急剧增加。许多科学家都认为，温室气体的大量排放所造成温室效应的加剧是全球变暖的基本原因。

生活中的地理知识

 广角镜——哥本哈根气候大会

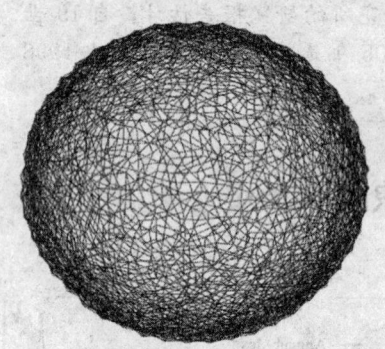
◆哥本哈根气候大会标志

根据2007年在印尼巴厘岛举行的第13次缔约方会议通过的《巴厘路线图》的规定，今年年末在哥本哈根召开的第15次会议将努力通过一份新的《哥本哈根议定书》，以代替2012年即将到期的《京都议定书》。考虑到协议的实施操作环节所耗费的时间，如果《哥本哈根议定书》不能在今年的缔约方会议上达成共识并获得通过，那么在2012年《京都议定书》第一承诺期到期之后，全球将没有一个共同文件来约束温室气体的排放。这将导致人类遏制全球变暖的行动遭到重大挫折。也因为这个原因，本次会议被广泛视为是人类遏制全球变暖行动最后的一次机会。

地球物语——自然迷踪

人类燃烧煤、油、天然气和树木，产生大量二氧化碳和甲烷进入大气层后使地球升温，使碳循环失衡，改变了地球生物圈的能量转换形式。再加上对地球上森林的破坏，自工业革命以来，大气中二氧化碳含量增加了25％，远远超过科学家可能勘测出来的过去16万年的全部历史纪录，而且目前尚无减缓的迹象。

◆毁林

大气中二氧化碳排放量增加是造成地球气候变暖的根源。国际能源机构的一项调查结果表明，美国、中国、俄罗斯和日本的二氧化碳排放量几乎占全球总量的一半。调查表明，美国二氧化碳排放量居世界首位，年人均二氧化碳排放量约20吨，排放的二氧化碳占全球总量的23.7％。中国年人均二氧化碳排放量约为2.51吨，约占全球总量的13.6％。

全球变暖的影响

当全世界的平均温度升高1℃，巨大的变化就会产生：海平面会上升，山区冰川会后退，积雪区会缩小。由于全球气温升高，就会导致不均衡的降水，一些地区降水增加，而另一些地区降水减少。如西非的萨赫勒地区从1965年以后干旱化严重；我国华北地区从1965年起，降水连年减少，与20世纪50年代相比，现在华北地区的降水已减少了1/3，水资源减少了1/2；我国每年因干旱受灾的面积约2668万公顷，正常年份全国灌区每年缺水300亿立方米，城市缺水60亿立方米。当全世界的平均温度升高3℃，人类也已经无力挽回了，

◆全球变暖导致冰川融化

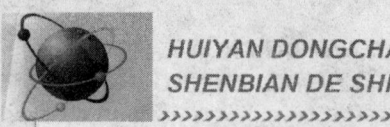

慧眼洞察身边的世界

◆ 全球变暖导致干旱

◆ 喜马拉雅冰川融化

全球将粮食吃紧。由于气温升高，在过去100年中全球海平面每年以1~2毫米的速度在上升，预计到2050年海平面将继续上升30~50厘米，这将淹没沿海大量低洼土地；此外，由于气候变化导致旱涝、低温等气候灾害加剧，造成了全世界每年约数百亿以上美元的经济损失。

国际冰雪委员会（ICSI）的一份研究报告指出："喜玛拉雅地区冰川后退的速度比世界其它任何都要快。如果目前的融化速度继续下去，这些冰川在2035年之前消失的可能性非常之大"。国际冰雪委员会负责人塞义德·哈斯内恩说："即使冰川融水在60至100年的时间里干涸，这一生态灾难的影响范围之广也将是令人震惊的。"

哈佛大学新病和复发病研究所的保罗·受泼斯坦注意到，植物也随雪线而移动，全世界山峰上的植物都在上移。随着山峦顶峰的变暖，海拔较高的环境也更有利于蚊子和它们所携带的疟原虫子这样的微生物生存。

万花筒

西尼罗病毒、疟疾、黄热病等热带传染病自1987年以来在美国的佛罗里达、密西西比、德克萨斯、亚利桑那、加利福尼亚和科罗拉多等地相继爆发。这可能是什么原因呢？有科学家研究这可能是由于全球变暖导致一些细菌和病毒大量繁殖，甚至导致冰川中被封冻的细菌病毒又重新被释放出来，这是多么可怕的一件事件啊！

地球物语——自然迷踪

如何缓解全球变暖问题

缓解全球变暖问题最迫切的是减少二氧化碳排放量。为此注意以下几方面：

（1）提高能源利用技术和能源利用效率，进而减少煤、石油、天然气的使用量，减少二氧化碳的排放。为应对气候变暖，欧盟准备在 2013 年前投资 1050 亿欧元发展"绿色经济"。加大开发可再生能源力度，减少对化石能源依赖，计划到 2020 年将温室气体排放量在 1990 年基础上减少 20％。

大量植树造林能否从根本上解决全球变暖的问题？

（2）采用新能源，如：太阳能、风能、地热能、海洋能、核能、氢能等；也可以提高常规能源中水能的利用比重，间接减少二氧化碳的排放量。

（3）加强国际间的合作，取长补短，共享先进经验。遏制全球气候变暖需要各国联手，落实《联合国气候变化框架公约》和《京都议定书》相关条款，提高能源能效，开发新能源，节能减排。由于发展中国家受资金、技术制约，抗风险能力较弱，受气候变暖的影响也较大。欧美等发达国家在环保等方面积累了大量经验，也有着较大优势，因此有必要在技术、资金等方面对发展中国家给予帮助。

其次还要大面积植树造林，使森林在吸收、固定二氧化碳方面发挥更大的作用。

HUIYAN DONGCHA
SHENBIAN DE SHIJIE
≫≫≫≫≫ 慧眼洞察身边的世界

生活中的地理知识

森林的杀手——酸雨

现代文明给人类带来进步，人类成了自然的主人；但享福过了头，自然又反过来惩罚人类，人类遇到了许多前所未见的麻烦。

酸雨，人称"空中死神"，是目前人类遇到的全球性区域灾难之一。在酸雨区域内，湖泊酸化，渔业减产，森林衰退，土壤贫瘠，粮菜减产，建筑物腐蚀，文物面目皆非。那么酸雨究竟从何而来呢？

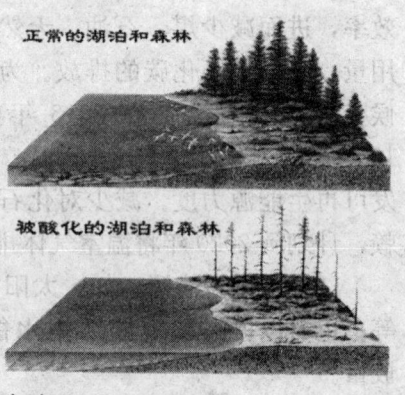
◆酸雨

什么是酸雨

◆瓦特发明蒸汽机

近代工业革命，从蒸汽机开始，锅炉烧煤，产生蒸汽，推动机器；而后火力电厂星罗棋布，燃煤数量日益猛增。遗憾地是，煤含杂质硫，约百分之一，在燃烧中将排放酸性气体 SO_2；燃烧产生的高温尚能促使助燃的空气发生部分化学变化，氧气与氮气化合，也排放酸性气体 NO_x。它们在高空中为雨雪冲刷，溶解，雨成为了酸雨；这些酸性气体成为雨水中杂质硫酸根、硝酸根和铵离子。1872年英国科学家史密斯分析了伦顿市雨水成份，发现它呈酸性，且农村雨水中含碳酸铵，酸性不大；郊区雨水含硫酸铵，呈酸

地球物语——自然迷踪

性；市区雨水含硫酸或酸性的硫酸盐，呈酸性。于是史密斯首先在他的著作《空气和降雨：化学气候学的开端》中提出"酸雨"这一专有名词。

简单地说，酸雨就是酸性的雨。什么是酸？纯水是中性的，没有味道；柠檬水，橙汁有酸味，醋的酸味较大，它们都是弱酸；小苏打水有略涩的碱性，而苛性钠水就涩涩的，碱味较大，它们是碱。科学家发现酸味大小与水溶液中氢离子浓度有关；而碱味与水溶液中羟基离子浓度有关；然后建立了一个指标：氢离子浓度对数的负值，叫 pH 值。于是，纯水的 pH 值为 7；酸性越大，pH

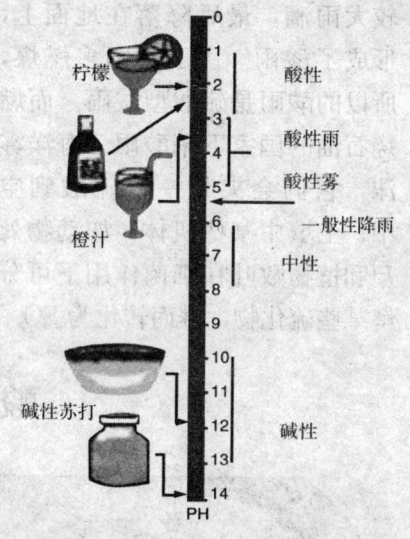

◆酸雨的 pH 比较

值越低；碱性越大，pH 值越高。未被污染的雨雪是中性的，pH 值近于7；当它为大气中二氧化碳饱和时，略呈酸性，pH 值为 5.65。被大气中存在的酸性气体污染，pH 值小于 5.65 的雨叫做酸雨。

小知识

pH 值小于 5.65 的雪叫酸雪；在高空或高山（如峨眉山）上弥漫的雾，pH 值小于 5.65 时叫酸雾。

酸雨的形成

酸雨的成因是一种复杂的大气化学和大气物理的现象。酸雨中含有多种无机酸和有机酸，绝大部分是硫酸和硝酸。工业生产、民用生活燃烧煤炭排放出来的二氧化硫，燃烧石油以及汽车尾气排放出来的氮氧化物，经过"云内成雨过程"，即水汽凝结在硫酸根、硝酸根等凝结核上，发生液相氧化反应，形成硫酸雨滴和硝酸雨滴；又经过"云下冲刷过程"，即含酸雨滴在下降过程中不断合并吸附、冲刷其他含酸雨滴和含酸气体，形成

慧眼洞察身边的世界

较大雨滴，最后降落在地面上，形成了酸雨。由于我国多燃煤，所以的酸雨是硫酸型酸雨。而燃烧石油的国家下硝酸雨。海洋雾沫，它们会夹带一些硫酸到空中；土壤中某些机体，如动物死尸和植物败叶在细菌作用下可分解某些硫化物，继而转化为SO_x。

◆酸雨的形成

酸雨的分布

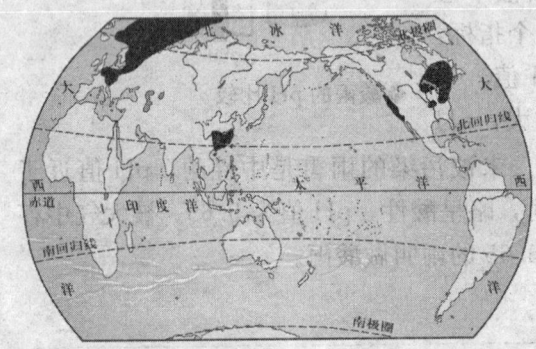

◆世界三大酸雨区

在全世界范围内，已经形成了三大酸雨区，一是以英国、法国、德国等国家为中心的，基本上可以说是遍及大半个欧洲的酸雨区；二是在20世纪50代后期形成的，主要包括以美国和加拿大在内的北美酸雨区；据推算，这两个酸雨区的总面积已经超过了1000多万平方千米，它们降水的pH值小于5.0，有的地区的降雨的pH值甚至于比4.0还要小；第三个酸雨区就是20世纪70年代，在中国形成的。虽然我国的酸雨区的面积现在看起来，并不十分的庞大，但是根据科学家的推测：其发展迅速，面积扩张速度惊人，降水的酸化程度愈来愈高，在全球范围而言，可以说是并不多见的，这不得不令国人们担忧。

科技文件夹

火山爆发，也将喷出可观量的SO_x气体；雷电和干热引起的森林火灾也是一种天然SO_x排放源，因为树木也含有微量硫。

地球物语——自然迷踪

SHENGHUO ZHONG DE DILI ZHISHI

广角镜——我国酸雨分布地区

我国酸雨主要分布区是长江以南的四川盆地、贵州、湖南、湖北、江西，以及沿海的福建、广东等省，占我国国土面积的30%。

2004年我国出现酸雨的城市有298个，占全国527个统计市（县）的56.5%。降水年均pH值小于5.6（酸雨）的城市达218个，占统计城市的41.4%。降水年均pH值小于5.6（酸雨）的城市主要分布在华中、西南、华东和华南地区。华中酸雨区污染最为严重，湖南和江西是华中酸雨区酸雨污染最严重的区域。

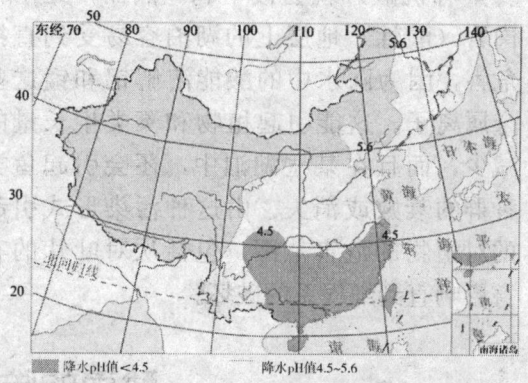

◆中国酸雨分布

酸雨的危害

硫和氮是营养元素。弱酸性降水可溶解地面中矿物质，供植物吸收。如酸度过高，pH值降到5.6以下时，就会产生严重危害。它可以直接使大片森林死亡，农作物枯萎；也会抑制土壤中有机物的分解和氮的固定，淋洗与土壤离子结合的钙、镁、钾等营养元素，使土壤贫瘠化；还可使湖泊、河流酸化，并溶解土壤和水体底泥中的重金属进入水中，毒害鱼类；加速建筑物和文物古迹的腐蚀和风化过程；可能危及人体健康。

◆酸雨腐蚀建筑物

生活中的地理知识

"科学就在你身边"系列

慧眼洞察身边的世界

受到最大危害的是那些缓冲能力很差的湖泊。当有天然碱性缓冲剂存在时，酸雨中的酸性化合物（主要是硫酸、硝酸和少量有机酸）就会被中和。然而，处于花岗岩（酸性）地层上的湖泊容易受到直接危害，因为雨水中的酸能溶解铝和锰这些金属离子。这能引起植物和藻类生长量的减少，而且在某些湖泊中，还会引起鱼类种群的衰败或消失。由这种污染形式引起的对植物的危害范围，包括从对叶片的有害影响直到细根系的破坏。

◆被酸雨污染的河流

酸雨的防治

◆风能

我们知道矿物燃料燃烧排放出来的硫氧化物、氢氧化物以及它们的盐类，是形成酸雨的主要原因，因此，减少硫氧化物和氮氧化物的排放量，是防止酸沉降的主要途径。

1. 制定严格的大气环境质量标准，限制固定污染源和汽车污染源的排放量，加强排放控制地。

2. 调整能源结构，增加无污染或少污染的能源比例，发展太阳能、核能、水能、风能、地热能等不产生酸雨污染的能源。

3. 积极开发利用煤炭的新技术，推广煤炭的净化技术、转化技术，改进燃煤技术，改进污染物控制技术，采取烟气脱硫、脱氮技术等重大措施。

4. 加强大气污染的监测和科学研究，及时掌握大气中的硫氧化物和氮氧化物的排放和迁移状况，了解酸雨的时空变化情况和发展趋势，以便及时采取对策。

地球物语——自然迷踪

SHENGHUO ZHONG
DE DILI ZHISHI

5. 调整工业布局，改造污染严重的企业，改进生产技术，提高能源利用率，减少污染排放量。清洁能源是指风能，水力发电，太阳能，潮汐和地热等。它们的使用，一来，不会喷出大量的酸性气体，二来，它们可以长期持续使用，十分环保，用核电站来发电也可减缓酸雨的污染。用甲醇代替汽油，降低 NO_x 的排放。

◆核电站

 科技文件夹

甲醇分子含有氧，比不含氧的汽油，易于燃烧完全，从而较少排放 NO_x。使用低硫优质煤，使用天然气和燃料油代替煤，可减少酸性物质的排放。此外应用型煤、湿法脱硫除尘、炉内喷钙固硫、电厂锅炉排烟脱硫和流化床除尘脱硫等新环保技术可有效减少酸性物质向大气排放。

生活中的地理知识

HUIYAN DONGCHA
SHENBIAN DE SHIJIE
慧眼洞察身边的世界

女娲不能"补"的天
——臭氧洞

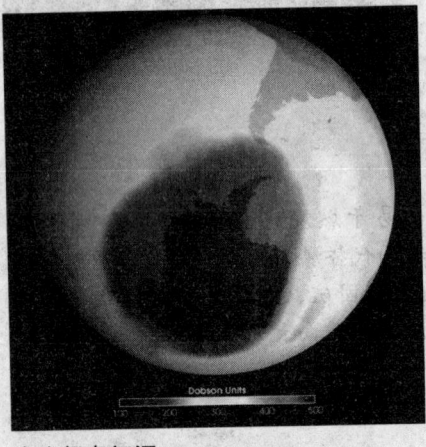

◆南极臭氧洞

臭氧层空洞是大气平流层中臭氧浓度大量减少的空域。臭氧层是大气平流层中臭氧浓度最大处，是地球的一个保护层，太阳紫外线辐射大部被其吸收。臭氧在大气中从地面到70千米的高空都有分布，其最大浓度在中纬度24千米的高空，向极地缓慢降低，最小浓度在极地17千米的高空。20世纪50年代末到70年代就发现臭氧浓度有减少的趋势。1985年英国南极考察队在南纬60°地区观测发现臭氧层空洞，引起世界各国极大关注。

南极臭氧洞

大气中的臭氧是阳光中的紫外线作用于氧分子，氧分子分解成氧原子，氧原子和氧分子结合形成臭氧。臭氧大部分存在于平流层10～50千米高度，其最大密度在20千米高度左右。臭氧的总含量还不到地球大气分子数的100万分之一，如果把大气中的臭氧集中在海平面的高度，它只有大约3毫米的厚度。太阳光中含有一种叫紫外线，公认为皮癌和白内障的元凶。由于臭氧能吸收太阳

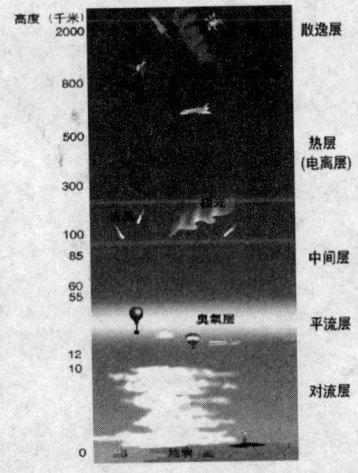

◆大气垂直分层

地球物语——自然迷踪

光中的紫外线,因此保护地球上生物免受灭顶之灾。

你能解释"臭氧空洞"和"臭氧洞"之间的区别吗?

英国南极考察科学家于1985年报道发现南极上空的臭氧空洞。每年的8月下旬至9月下旬,在20千米高度的南极大陆上空,臭氧总量开始减少,10月初出现最大空洞,面积达2000多万平方千米,覆盖整个南极大陆及南美的南端,11月份臭氧才重新增加,空洞消失。其实,所谓臭氧空洞,并不是说整个臭氧层消失了,只不过是大气中的臭氧含量减小到一定程度而已。

广角镜——青藏高原臭氧洞

我国科学家一直十分关注大气臭氧变化,其中一大焦点区域即是青藏高原上空。自中国气象科学研究院周秀骥院士、中科院大气物理研究所研究员邹捍等分别于1994年和1996年发现青藏高原夏季存在臭氧低值中心后,科学家和公众一直十分关注青藏高原上空的臭氧变化;青藏高原是否会继南北两极后出现第三个臭氧空洞,成为举世瞩目的热点。

◆世界屋脊

由中科院大气物理所副研究员卞建春和吕达仁、周秀骥院士等联合发表的这篇论文指出,青海省气象局祁栋林根据地基观测资料发现,中国瓦里关山站2003年12月中旬Brewer臭氧仪臭氧总量观测结果异常偏低,并引起王庚辰的关注和重视。在此基础上,中科院大气所中层大气实验室卞建春、王庚辰、陈洪滨等利用美国宇航局TOMS(Total Ozone Mapping Spectrometer,装备在卫星上测量全球臭氧浓度的仪器)和地基观测提供的臭氧总量资料,分析发现当时青藏高原上空确曾出现微型臭氧洞事件。

慧眼洞察身边的世界

臭氧洞的成因

对南极臭氧洞形成原因的解释有三种。

其一，大气化学过程解释，认为臭氧层中可以产生某种大气化学反应，将3个氧原子含量的臭氧（O_3）分解为分子氧（O_2）和原子氧（O），从而破坏了臭氧层。

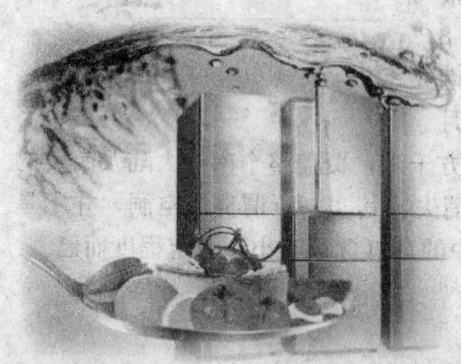

◆含有氟利昂的冰箱

其二，太阳活动影响解释，认为当太阳活动峰年（即太阳活动强烈的时期）前后，宇宙射线明显增强，促使双电子氮化物（如NO_2）与O_3发生化学反应，使得奇电子氮化物（如NO_3）增加，O_3转换为O_2。

◆工业释放氯氟烃化合物

其三，大气动力学解释认为，初春，极夜结束，太阳辐射加热空气，产生上升运动，将对流层臭氧浓度低的空气输入平流层，使得平流层臭氧含量减小，容易出现臭氧洞。在人为因素中，工业上大量使用氟利昂气体是破坏臭氧层的主要原因之一。通常，氟利昂是比较稳定的物质，然而，当它被大气环流带到平流层（16～30千米）时，由于受太阳紫外线的照射，容易形成游离的氯离子。这些氯离子非常活泼，容易与臭氧起化学反应，把臭氧变成氧分子和氧原子，从而使臭氧总量减少，形成了臭氧洞。

地球物语——自然迷踪

臭氧洞危害

臭氧洞到底有什么危害呢？简单说来，臭氧洞的危害是，透过臭氧洞的强烈紫外线对人和生物有杀伤作用。在自然界里，太阳光的紫外线不容易直接到达地面，这是因为在地球的大气圈中有一层臭氧层，有效地阻止了太阳光的紫外线到达地球。一旦臭氧量减少，大气圈中的臭氧层变稀薄，甚至出现空洞，障碍消除了，紫外线就会畅通无阻地穿过大气层，射到地球上。紫外线按波长可分为三个部分，波长较短的那两部分，对生

◆海豹的期盼

物的杀伤力最强，严重时会导致人类的皮肤癌。强烈的紫外线对地面生物的危害，还表现在破坏生物细胞内的遗传物质，如染色体、脱氧核糖核酸和核糖核酸等，严重时会导致生物的遗传病和产生突变体。

 **名人介绍：中国气象学家陆龙骅**

陆龙骅、中国气象科学研究院极地气象研究室主任，他长期从事青藏高原气象、极地气象与全球变化、数学在天气气候学中的应用等方面研究。曾4次赴青藏高原、2次赴南极地区、2次赴北极地区考察。陆研究员介绍说，在全球变暖的大背景下，西南极，也就是在南极大陆靠近南美洲的那一侧，增温十分明显。，南极地区的气候变化从时间、空间上来说都是多样的，气候系统十分复杂，尤其是臭氧洞的出现，更是引起了人们的普遍关注。

研究发现，南极洲上空的臭氧洞对海洋生物也有很大影响。强烈的紫外线可以穿透

◆陆龙骅

海洋10～30米，使海洋浮游植物的初级生产力降低了3/4，抑制了浮游动物的生长，从而对南大洋的生态系产生不利影响。

国际保护臭氧层日

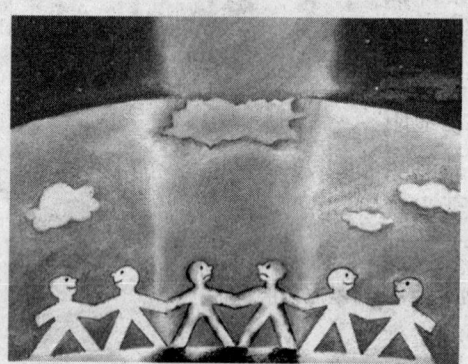

◆国际保护臭氧层日

1995年1月23日，联合国大会通过决议，确定从1995年开始，每年的9月16日为"国际保护臭氧层日"。联合国大会确立"国际保护臭氧层日"的目的是纪念1987年9月16日签署的《关于消耗臭氧层物质的蒙特利尔议定书》，要求所有缔约的国家根据"议定书"及其修正案的目标，采取具体行动纪念这一特殊日子。

联合国环境规划署自1976年起陆续召开了各种国际会议，通过了一系列保护臭氧层的决议。尤其在1985年发现了在南极周围臭氧层明显变薄，即所谓的"南极臭氧洞"问题之后，国际上保护臭氧层以及保护人类子孙后代的呼声更加高涨。

地球物语——自然迷踪

SHENGHUO ZHONG
DE DILI ZHISHI

热浪滚滚
——城市热岛效应

大家可能有过这样的体验：在城市里的时候，你会感到酷暑难当；但是当我们来到乡村却能够感受到迎面吹来的习习凉风，顿时使你觉得清爽透骨，暑意尽消。为什么城市和乡村会存在这样大的温差呢？这是由于城市热岛效应引起的。因此我们有必要走进"城市热岛效应"。

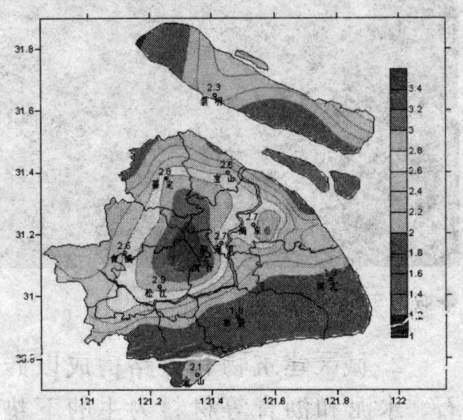

◆上海地区2006年8月8日至9月6日平均气温距平分布图

"城市热岛效应"现象

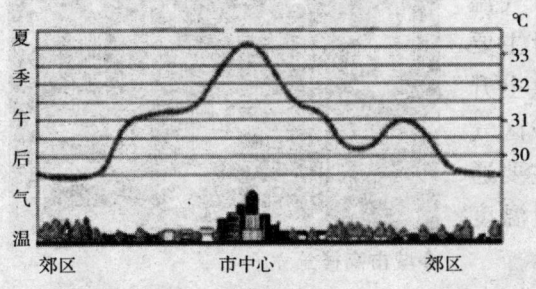

◆城市热岛效应示意图

所谓城市热岛效应，通俗地讲就是城市化的发展，导致城市中的气温高于外围郊区的这种现象。在气象学近地面大气等温线图上，郊外的广阔地区气温变化很小，如同一个平静的海面，而城区则是一个明显的高温区，如同突出海面的岛屿，由于这种岛屿代表着高温的城市区域，所以就被形

慧眼洞察身边的世界

象地称为城市热岛。在夏季，城市局部地区的气温，能比郊区高6℃甚至更高，形成高强度的热岛。

"城市热岛效应"形成原因

◆城市车辆拥挤

近年来，随着城市建设的高速发展，城市热导效应也变得越来越明显。城市热岛形成的原因主要有以下几点

1. 城市内拥有大量锅炉、加热器等耗能装置以及各种机动车辆）。这些机器和人类生活活动都消耗大量能量，大部分以热能形式传给城市大气空间。

2. 城区建筑物和道路构成以砖石、水泥和沥青等材料为主的下垫层：这些材料热容量、导热率比郊区的下垫层要大得多，而对太阳光的反射率低、吸收率大；因此在白天，城市下垫层表面温度远远高于气温，其中沥青路面和屋顶温度可高出气温8℃～17℃。此时下垫层的热量主要以湍流形式传导，推动周围大气上升流动，形成"涌泉风"，并使城区气温升高；在夜间城市下垫面层主要通过长波辐射，使近地面大气层温度上升。

◆城市高楼耸立

生活中的地理知识

地球物语——自然迷踪

链接：比热容量

比热容（specific heat capacity）又称比热容量，简称比热（specific heat），是单位质量物质的热容量，即使单位质量物体改变单位温度时的吸收或释放的内能。比热容是表示物质热性质的物理量。通常用符号 c 表示。

在中学范围内，简单（不严格）的定义为：单位质量的某种物质温度升高 1℃ 吸收的热量叫做这种物质的比热容。

比热的单位是复合单位。在国际单位制中，能量、功、热量的主单位统一为焦耳，温度的主单位是开尔文，因此比热容的主单位为 J/(kg·K)，读作"焦［耳］每千克开"。

◆开尔文

3. 由于城区下垫层保水性差，水分蒸发散耗的热量少（地面每蒸发 1g 水，下垫层失去 2.5kJ 的潜热），所以城区潜热大，温度也高。

4. 城区密集的建筑群、纵横的道路桥梁，构成较为粗糙的城市下垫层、因而对风的阻力增大，风速减低，热量不易散失。在风速小于 6m/s 时，可能产生明显的热岛效应，风速大于 11m/s 时，下垫层阻力不起什么作用，此时热岛效应不太明显。

◆城市大气污染

5. 城市大气污染使得城区空气质量下降，烟尘、SO_2、NO_x、CO，含量增加，这些物质都是红外辐射的良好吸收者，至使城市大气吸收较多的红外辐射而升温。

如何缓解"城市热岛效应"

◆城市绿化

既然城市中人工构筑物的增加、自然下垫面的减少是引起热岛效应的主要原因，那么在城市中通过各种途径增加自然下垫面的比例，便是缓解城市热岛效应的有效途径之一。

城市绿地是城市中的主要自然因素，因此大力发展城市绿化，是减轻热岛影响的关键措施。绿地能吸收太阳辐射，而所吸收的辐射能量又有大部分用于植物蒸腾耗热和在光合作用中转化为化学能，用于增加环境温度的热量大大减少。绿地中的园林植物，通过蒸腾作用，不断地从环境中吸收热量，降低环境空气的温度。每公顷绿地平均每天可从周围环境中吸收81.8兆焦耳的热量，相当于189台空调的制冷作用。园林植物光合作用，吸收空气中的二氧化碳，一公顷绿地，每天平均可以吸收1.8吨的二氧化碳，削弱温室效应。此外，园林植物能够滞留空气中的粉尘，每公顷绿地可以年滞留粉尘2.2吨，降低环境大气含尘量50%左右，进一步抑制大气升温。

研究表明：城市绿化覆盖率与热岛强度成反比，绿化覆盖率越高，则热岛强度越低，当覆盖率大于30%后，热岛效应得到明显的削弱；覆盖率大于50%，绿地对热岛的削减作用极其明显。规模大于3公顷且绿化覆盖率达到60%以上的集中绿地，基本上与郊区自然下垫面的温度相当，即消除了热岛现象，在城市中形成了以绿地为中心的低温区域，成为人们户外游憩活动的优良环境。

地球物语——自然迷踪

广角镜——城市绿地的作用

◆城市之"肺"遭侵蚀

1. 绿地和绿树好比城市之"肺"，它可以吸收大量二氧化碳，放出氧气；同时能阻挡飞扬的灰尘，吸收各种有害的气体，从而起到过滤、净化空气的作用。

2. 绿地和绿树的分泌物具有一定的杀菌作用，尤其在消除城市噪音方面功不可没。据测定，尖杂的噪声传到浓密的大草地，顿时大部分消失；雪松、龙柏和桧柏等树木的树冠大约能吸收音量的25%，其余75%的音量经过反射也减弱许多，使居民减少烦恼，感到舒适、轻松。

3. 城市绿地和绿树通过光合作用，不断吸收二氧化碳，使空气中负离子的数目得到相应提高。虽然不可能达到海滨、瀑布和喷泉那样的程度，但是物以稀为贵，哪怕每立方厘米空气中增加几十个负离子，对城市居民防病健身、延年益寿也是十分有益的。

除了绿地能够有效缓解城市热岛效应之外，水面、风等也是缓解城市热岛的有效因素。水的热容量大，在吸收相同热量的情况下，升温值最小，表现出比其他下垫面的温度低；水面蒸发吸热，也可降低水体的温度。风能带走城市中的热量，也可以在一定程度上缓解城市热岛。因此在城市建筑物规划时，要结合当地的风向，不要把楼房全部建设成为东西走向的，要建设成为便于空气流通的模式；同时，最

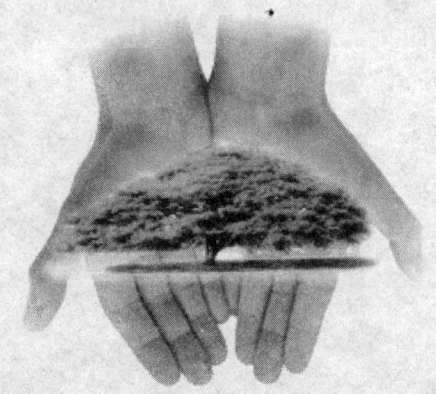

◆保护城市环境

慧眼洞察身边的世界

增加城市水域面积为什么也能缓解城市热岛效应呢？

好将一些单位的高院墙拆掉，建成栅栏式，增加空气流通。

同时，减少人为的热释放，尽量将民用煤改为液化气、天然气，集中供热也是一条重要的对策。

由于热岛效应关系到每一个人的切身利益，因此我们要从自身做起，尽自己的最大力量来减缓热岛效应。如：能坐公交车出行，我们就不开私家车，短距离的出行最好骑自行车；夏天，空调最好要调的高一点……如果我们每个人都能够重视起来，相信在大家的努力下，我们的夏天将不再酷热难当，我们的城市将越来越适宜居住。

万花筒

大片绿茵茵的草地，配以美丽的花卉图案，使长期室内工作的人在周围散步溜达，视觉立即为之一亮。据医学研究，绿色可以降低眼压，清澈透明的空气能提高眼睛对光亮的适应能力，于是不知不觉视力很快得以恢复和提高。

生活中的地理知识

重温经典
——人文科学

  生活中我们也遇到很多非常普遍的事物与我们地理学也有很大的关系。最简单的就是人们每天的"衣、食、住、行"与我们地理学之间联系密切。人口、城市、三大产业的也与地理学关系紧密。近年来，人类在生活中经常会使用到遥感信息、全球定位等先进技术，也是现代地理学发展的内容。因此，本篇让我们一起来探索人文地理学的基础知识。

重温经典——人文科学

绚丽多彩
——服饰中的地理知识

人类服饰的材料与地理环境有密切的关系。远古时代，人类生活在森林里，披挂的树叶、兽皮就成为衣服。后来，人类慢慢懂得了以植物纤维与动物皮毛为原料，纺织各种布匹，出现了原始的服装。丝、麻、棉就是人类利用最早的纤维材料。

服饰的样式与地域特征有关。不同的地区，气候条件不同，风俗习惯也不同，其服饰的式样也各不相同。

服饰的变化与季节更替有关。随着春、夏、秋、冬四季的交替更换，人们的服饰也随着之变化。特别是四季分明的地区，人们一般要准备几套与季节相适应的服装。

◆鲜艳的民族服饰

我国服饰纷繁多样、绚丽多采，它不仅是各族人民日常生活的必需品，而且也是我国文化艺术宝库中的珍品。服饰受气候、人们的经济活动、民族文化、社会生活、宗教信仰、文化交流等因素的影响，具有一定的地域分布规律。

服饰与气候

服饰有抵御寒暑、日晒、风雨、虫咬等基本作用，因此在不同气候条件下，人们的服饰是不同的。也就是说，服饰要适应当地的气候条件。如

HUIYAN DONGCHA SHENBIAN DE SHIJIE

慧眼洞察身边的世界

◆苗族服饰

东北地区冬季气候严寒，人们在室外必需戴皮帽、穿皮衣或棉衣，戴皮手套、蹬皮靴，喜欢穿吸热的深色衣服。而终年温暖的海南及台湾、云南、两广南部的人们无需准备厚的冬装，绝大多数时间着浅色的轻薄夏装，出门戴各种凉帽。多雨的东部地区，人们需备雨衣、雨伞，而西北干旱地区，则无需雨具。

我国大部分地区位于北半球中纬度地带，四季气温变化明显，各族人民都有按季节换衣服的习俗。如达斡尔族所穿的传统皮衣，多用狍皮制成，但各季选用的狍皮不同，立冬前后至春节前的隆冬，人们穿毛长而密实的狍皮衣；清明前后的早春，穿掉毛轻暖的皮衣；夏季用脱毛完毕的狍皮作衣服；秋季穿长新毛的狍皮衣服。西北地区少数民族妇女终年爱穿裙子，但裙子的质料各季不同，袜子也有单、夹、棉的区别。

◆藏袍

服饰与经济活动

◆鱼皮衣服

服饰的质料与式样与人们的经济活动有着密切的关系。如北方以游牧、渔猎为生的少数民族，多以兽皮、鱼皮或毛织物为衣料。如居住在东北三江平原的赫哲族人民，长期以来以渔猎为生，他们的传统服饰除用狍皮、鹿皮制作外，大多用鱼皮剪裁缝制成鱼皮长衫、套裤、靰鞡、手套、裹腿

重温经典——人文科学

等。鄂伦春族以狩猎为业，他们喜欢戴用去骨肉的完整的狍头皮鞣制的狍头帽，这种帽子不仅保暖，而且在狩猎时也起到伪装和诱惑猎物的作用。在我国东部农业地区，盛产棉、麻、丝等，因此人们的衣料以棉、麻、丝织物为主，苏绣、湘绣、蜀绣等中国名绣都出自丝绸之乡。

 **广角镜——蒙古族服饰**

蒙古族素以放牧为主，他们的服饰也适应了放牧的需要。不论男女都穿肥大的蒙古袍，便于骑马时护住膝盖，夜间还可以当被盖；袖筒细长，骑马持缰时，冬季可御风寒，夏季能防止蚊虫叮咬。蒙古袍外紧扎的腰带有防止冷风钻入，护腰和解除疲劳的作用，脚蹬齐膝的软筒牛皮靴便于骑马，冬季头戴黑羊皮鹰帽也不会被风吹掉。

◆蒙古族服饰

服饰与民族文化

服饰不仅是生活必需品，而且也是一种社会文化现象，因此各民族的服饰，都打上了鲜明的民族文化烙印。如我国古代汉族有五行相生相克的观念，后来又有占星术的五方观念，黄为土色，象征中央，青、红、白、黑分别象征东、南、西、北四方，故以青、红、黑、白、黄五色服饰为正色，只有帝王，官员才能穿；平民百姓只能穿这些颜色调配出来的间色服饰。

满族人民有尚白的习俗，认为白色象征纯洁、吉祥，男女老少都喜欢白色服饰。这种尚白习俗与其祖先生活的环境、原始图腾、信仰等因素有关，他们生活在东北的"白山黑水"之间，以渔猎为生，生活中以流水、白雪、白云为伴，因此产生了尚白的习俗。

HUIYAN DONGCHA SHENBIAN DE SHIJIE
慧眼洞察身边的世界

万花筒

藏族的袍子有长袖、腰肥、大襟、无兜的特点，夏季时人们只穿左袖，或左右袖子都不穿，把双袖束于腰间，冬季两袖都穿上。藏袍适应了青藏高原"长冬无夏、春去秋来"的高原气候特点。

知识广播

白色是朝鲜族最喜欢的服装颜色，象征着纯洁、善良、高尚、神圣，故朝鲜族自古有"白衣民族"之称，自称"白衣同胞"。随着纺织工业的发展，如今妇女们穿用的衣料颜色更是绚丽多彩、不拘一格，但短衣长裙这一传统民族风格久久不变，因为它符合朝鲜族妇女的审美心理，充分反映了她们温顺、善良和勤劳淳朴的美德。朝鲜民族服装的结构自成一格，上衣自肩至袖头的笔直线条同领子、下摆、袖肚的曲线，构成曲线与直线的组合，没有多余的装饰，体现了"白衣民族"的古老袍服的特点。

服饰与社会生活

◆维吾尔姑娘的辫子

服饰也受社会生活需要的制约，不同性别、年龄、婚姻状况、职业、身份的人们，在服饰上也有较大的差别。

人们早期的服饰无男女之别，为上衣下裳。随着生产力水平的提高和审美观念的产生，服饰才渐趋多样化。男子为适应户外生产、狩猎、骑马作战的需要，穿裙子很为不便，逐渐被裤子所替代，而女子主要是室内劳动，保留了穿裙子的习俗。为显示女性体态优美，女子爱穿束腰的服饰。各种饰物也逐渐讲究起来。

从服饰上也可以区分人们的婚姻状况。

重温经典——人文科学

如鄂尔多斯蒙古族已婚妇女穿特有的坎肩，用鲜艳的绸缎缝成，再镶上彩色花边。维吾尔族3岁至15岁的女孩头发梳成无数条小辫，婚后才拆散，辫成两条大辫子。西双版纳的傣族妇女，婚前多穿腓红色大襟短衫，下穿长裤；婚后改穿对襟短衫，着黑统裙。此外，不同职业人们的服装也不同。

生活中的地理知识

慧眼洞察身边的世界

HUIYAN DONGCHA
SHENBIAN DE SHIJIE

美味"情缘"
——饮食中的地理知识

生活中的地理知识

◆饮食文化

古话说的好:"民以食为天!"一语道破饮食与人类那密不可分的联系。既然饮食在人类生活所占份量为重中之重,聪明的人类自然不会满足于单调乏味的饮食。随着时间的推移,更多种类的食物被发现,懂得提取盐,糖等调味品引起了饮食文化的一次革命。人类饮食从原始社会的吮血为汤,生肉为食逐步发展为各具特色,丰富多彩的饮食文化。然而当你品尝着那琳琅满目的各地佳肴时,你会不难发现各地方具有自己的特色:湖南的辣,重庆的麻,江西的酸……至于为什么会有如此的不同,主要原因是地理环境的差异。

我国各地饮食差异

从主食结构上看,由于水热条件的不同,我国北方以种植小麦为主,南方以种植水稻为主,故形成了"北面南米"的格局。另外中国"八大菜系"的烹调技艺各具特色,素有"南甜北咸,东辣西酸"之说,它的形成也与地理环境有关。就拿"南甜北咸"的形成来

俗话说:"北米南面","南甜北咸",这样的格局是如何形成的呢?与地理环境有何联系呢?

·148· "科学就在你身边"系列

重温经典——人文科学

讲，就与我国南北方的气候差异有关。我国北方地处暖温带，冬季寒冷干燥，夏季高温多雨，气温年较差大，在过去，即使少量的蔬菜也难以过冬，同时又不舍得一时"挥霍掉"，所以北方人便将大白菜腌制成酸菜，马铃薯制成粉条，慢慢"享用"，这样一来，北方大多数人也就养成了吃咸的习惯。南方多雨，光热条件好，盛产甘蔗，比起北方来，蔬菜更是一年几荐。南方人被糖类"包围"，自然也就养成了吃甜的习惯。北方人不是不爱吃甜，只是过去糖难得，只好以"咸"代"甜"来调剂口味了。虽说北方现在不缺糖，但口味一旦形成，不是一朝一夕就可以改变的。

◆北方面食

广角镜——中国的八大菜系

菜系，也称"帮菜"，是指在选料、切配、烹饪等技艺方面，经长期演变而自成体系，具有鲜明的地方风味特色，并为社会所公认的中国的菜肴流派。我国的菜系，是指在一定区域内，由于气候、地理、历史、物产及饮食风俗的不同，经过漫长历史演变而形成的一整套自成体系的烹饪技艺和风味，并被全国各地所承认的地方菜肴。菜肴在烹饪中有许多流派。鲁、川、苏、粤四大菜系形成历史较早，后来，浙、闽、湘、徽等地方菜也逐渐出名，于是形成了我国的"八大菜系"。

◆湘菜

饮食口味与地理环境

◆米食

◆黄土钙含量较多

中国人口味之杂，堪称世界之冠，但也有一定规律可循。"南甜北咸"、"东辣西酸"在一定程度上反映了我国饮食文化的地区差异，同时，也反映了人们的口味与地理环境存在着一定的联系。这一点，从主食结构上也可看出，我国南方气候湿热，盛产水稻，因此，以大米为主食；北方气候相对干冷，适宜小麦等作物生长，因此，以面粉为主食。

山西人能吃醋，可谓"西酸"之首。他们吃饭前，往往先把醋瓶子拿过来，每人喝三调羹醋用以"解馋"。改革开放前，每逢春节，别处都供应一点好酒，太原的油盐店却都贴出一个条子："供应老陈醋，每户一斤。"有人来给姑娘说亲，当妈的先问："他家有几口酸菜缸。"酸菜缸多，说明家底厚。另外，福建人、广西人爱吃酸笋，越酸越能显出制作者的水平。傣族人也爱吃酸，酸笋炖鸡可是一套传统名菜。

山西等地的"西方人"何以爱吃酸？打开中国地图，可知这些地区，特别是黄土高原、云贵高原及周边地区的水土中含有大量的钙。因而他们的食物中钙的含量也相应较多。这样，通过饮食，易在体内引起钙质淀积，形成结石。这一带的劳动人民，经过长期的实践经验，发现多吃酸性食物有利于减少结石等疾病。久而久之，他们也就渐渐养成了爱吃酸的习惯。

重温经典——人文科学

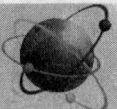
SHENGHUO ZHONG DE DILI ZHISHI

小知识
水稻生长需要充足的热量和水分，我国秦岭淮河以南为典型的季风气候，夏季雨热同期，有利于水稻的生长。

万花筒
在川北，听说有一种辣椒本身不能吃，用一根线吊在灶上，汤做好后，辣椒在汤里涮涮，就辣得不得了，因此叫"涮涮辣"。

　　湖南、湖北、江西、贵州、四川及东北的朝鲜族等地居民多喜辣，我国流传有"贵州人不怕辣、湖南人辣不怕、四川人怕不辣"之说。贵州人平生所吃辣椒极多，朝天椒、野山椒均不在话下。四川的"麻辣烫"是全国闻名，可以说，没有不辣的四川名吃，四川名吃不辣，也就谈不上"名吃"。如今，人们除了管四川女子叫"川妹子"外，还称其为"辣妹子"，原因大概也基于此。

　　喜辣的食俗多与气候潮湿的地理环境有关。我国东部地处沿海，东北的朝鲜族当地气候湿润多雨，春天多阴湿寒冷，而四川虽不处于东部，但其地处盆地，更是潮湿多雾，一年四季少见太阳，因而有"蜀犬吠日"之说。这种气候导致人的身体表面湿度与空气饱和湿度相当，难以排出汗液，令人感到烦闷不安，时间久了，还易使人患风湿寒邪、脾胃虚弱等病症。吃辣椒浑身出汗，汗液当然能轻而易举地排

◆朝天椒

◆四川麻辣烫

生活中的地理知识

HUIYAN DONGCHA SHENBIAN DE SHIJIE
慧眼洞察身边的世界

生活中的地理知识

◆胶州大白菜

◆南方甘蔗

◆无锡炒鳝

出,经常吃辣可以驱寒祛湿,养脾健胃,对健康极为有利(对当地人而言)。另外,东北地区吃辣还与寒冷的气候有关,吃辣可以驱寒,鲁迅留学时为御寒也有了爱吃辣的习惯。

我国北部是内蒙古高原,过去新鲜蔬菜对北方人是罕见的,鲁迅先生说"胶东的白菜运往北京,便用红头绳系了菜根,倒挂在水果店头,美其名曰'胶菜'",就是指此。我国北方地处暖湿带,多季寒冷干燥,夏季温和多雨,气温年较差大,在过去,即使少量的蔬菜也难以过冬,同时又不舍得一时"挥霍"掉,北方人便把菜腌制起来慢慢"享用",这样一来,北方大多数人也养成了吃咸的习惯。

人说苏州菜甜,其实与无锡的相比,苏州菜不过是淡。无锡炒鳝糊放很多糖,包子的肉馅里也放很多糖,对北方人讲,根本没法吃。广东、浙江、云南等地居民也大多爱吃甜食。南方多雨,光热条件好,盛产甘蔗,比起北方来,蔬菜更是一年几茬。南方人被糖类"包围",自然也就养成了吃甜的习惯。北方人不是不爱吃甜,只是过去糖难得,只好以"咸"代"甜"来调剂口味了。虽说北方现在不缺"糖",但口味一旦形成,不是一朝一夕就可以改变的。相信随着社会的发展与时间的延续,这种咸甜相对的趋势会减弱的。

论美食,新疆的美食虽不如四川的辛辣,也不如北京糖葫芦的甜美,却有着自己一番独特的美味。例如:一说到哈密瓜,人们都知道最好吃的

重温经典——人文科学

SHENGHUO ZHONG DE DILI ZHISHI

哈密瓜产于吐鲁番。其实吐鲁番不仅有西游记中的火焰山、陆地最低点坎儿井等名胜古迹，还有甜蜜的葡萄、好吃的哈密瓜等水果。吐鲁番的葡萄不用说，皮薄汁甜是出了名的，哈密瓜也如葡萄一样的甜蜜，这是由于吐鲁番特殊的地理环境所决定的，使得哈密与之无法比较。首先，吐鲁番是戈壁滩中的一个盆地，常年降雨量仅几毫米，气候干燥。其次，吐鲁番夏天气温炎热，虽不入"火炉"之列，但有"火洲"之称，夏天天气预报最高有48℃，一般都在40℃以上。再说，吐鲁番浇灌和饮用的水源是从天山上引来的雪水。气候的干燥、炎热，水果中的水分被逐渐蒸发，留下的只有糖分和不易挥发的营养物质，所以吐鲁番瓜果的甜蜜是别处无法与之相比。

◆吐鲁番葡萄

当然，"南甜北咸、东辣西酸"只是个笼统而又相对的说法，我国地大物博，饮食习惯差异很大，甚至在局部地区也有许多不同之处，这与各地的经济发展、民族习俗和个人习性也有重要关系。

知 识 窗

新疆地区有下列谚语："早穿皮袄午穿纱，围着火炉吃西瓜。"说明新疆昼夜温差大的气候特点。新疆地区海拔较高，导致其气温较低；中午时由于太阳高度角大，因此温度上升；夜晚温度又降低。这一特点使得新疆的和瓜果日照时间长，利于植物的光和作用，同时温差大导致其光和作用产生的糖分及水分不易流失，易于存储，因此其瓜果甜且水分足。

生活中的地理知识

"科学就在你身边"系列 · 153 ·

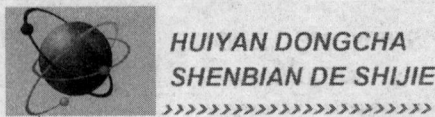

慧眼洞察身边的世界

温馨的"港湾"
——住宅中的地理知识

◆北京四合院

生活中的地理知识

从人类发展史来看,建造房屋就是为了利用房屋,营造一个保护性的、舒适的环境,适合人类生活与工作。所以,房屋的结构必须适应当地地理环境的特点。

建筑物的结构随气候而异。我国南方房屋一般高大,是适合于那里的闷热气候条件,便于通风、散热、散湿;北方房屋一般低矮,则适合于北方寒冷的气候条件,有利于保温。我国建造的房屋一般采取坐北朝南的方向,就是利用向南的房屋在冬季可以多接收阳光,夏季多刮南风的有利气候条件;房屋的设计中也存在很多地理知识。

东北火炕

我国地域辽阔,气候多样,各地劳动人民在长期适应环境的过程中发展起具有地方风格的各种住房。由于东北地区是我国的"寒极",不论农村还是城市,居民住房矮小、紧凑、密闭的特点很明显。这一方面是为了保温,另一方面也是为适应低湿的气候条件,就年平均湿度而言,哈尔滨比成都低15%,比武汉、广州低12%。农村一般两间为一套,内间是卧室,以炕代床,这是这里居民顺应气候的智慧产物。炕用砖、坯等砌成,置内室南侧。内屋

◆火炕内部结构

重温经典——人文科学

SHENGHUO ZHONG DE DILI ZHISHI

南侧还开设较大的窗户并贴上纸。有趣的是，窗户纸是贴在窗户的外侧。这是因为，若贴在内侧，飞雪易钻入窗台，室内温度高，使雪融化，造成窗台剥蚀；再者，由于室内温高湿重，窗户纸则会因吸湿水分而容易脱落。相反，冬季多降干雪，纸贴在窗外，反无湿落之虑。除了火炕，农村还普遍采用地炉、火墙等取暖方式。

 **小知识——北极民居"冰屋"**

冰屋是北极地区因纽特人的传统住房，以冰雪制成。

冰屋为半球形，屋顶上盖一层厚厚的野草，再覆以一层海豹皮；同时在屋内螺旋形的墙壁上到处挂满兽皮，亦可防寒。另一御寒方法就是遮蔽窗户，一般是用透明的海兽肠子做遮蔽物，这种窗户只透光不透气，很具特色。

屋里一般储藏有相当数量的日常食物，比如面粉、茶叶、麋鹿肉、海兽肉之类。最深处有一块用雪筑成的高台，这就是因纽特人的卧榻了。他们休息、吃饭都在这个用雪做的床台上，却谁也不会被冻坏。

◆冰屋

生活中的地理知识

蒙古包

在辽阔的蒙古高原上，寒风呼啸，大地点缀着许多白色的帐篷，它们就是蒙古包。蒙古包是许多蒙古人的日常居住地。多数蒙古人终年赶着他们的山羊、绵羊、牦牛、马和骆驼寻找新的牧场。蒙古包可以打点成行装，由几只骆驼运到落脚点，再起帐篷。蒙古包有一圆形天窗，通烟气。包门小，朝南或朝东南。具有制做简便，便于搬运、耐御风寒，适合游牧

慧眼洞察身边的世界

◆蒙古包

等特点。古时候称蒙古包为"穹庐"、"毡帐"或"毡房"等。

蒙古包呈圆形，有大有小，大者，可容纳600多人；小者可以容纳20个人。蒙古包的架设很简单，一般是搭建在水草适宜的地方，根据蒙古包的大小先画一个画圈，然后便可以开始按照圈的大小搭建。蒙古包搭好后，人们进行包内装饰。铺上厚厚的地毯，四周挂上镜框和招贴花。现在一些家具电器也进了蒙古包，生活十分舒畅欢乐。

蒙古包的最大优点就是拆装容易，搬迁简便。架设时将"哈那"拉开便成圆形的围墙，拆卸时将"哈那"折叠起来，又能当牛板。一顶蒙古包只需要40峰骆驼或10辆双轮牛车就可以运走，20小时就能搭盖起来。蒙古包看起来外形虽小，但包内使用面积却很大，而且室内空气流通，采光条件好，冬暖夏凉，不怕风吹雨打，非常适合于经常转场放牧民族居住和使用。

万花筒

海南岛地处我国低纬度地区，常年无冬，气候炎热多雨，且常受热带气旋侵袭。所以，这里许多居民都用石头砌墙，而且墙体很厚。石头房低矮、密闭且墙厚、窗小，可有效地抵御台风，并起到降温作用。

傣族的吊脚楼

当你来到西双版纳，就会发现，傣族人的住房是用木料和竹子搭起来的。房子是用几根木柱撑起的，离地面约两米高。每幢房子四周有1米左右高的围墙，人们把这种房子称为"吊脚楼"。

傣族人造这样的住房，是与西双版纳的湿热气候密不可分的。这里夏

重温经典——人文科学

季长达200多天，白天的气温常在35℃以上，高时可达40℃以上；年平均相对湿度为82%～86%。人们生活在这样又湿又热的气候环境里，自然要想办法使室内温度降低些。吊脚楼下空旷，通风性能好，不但白天气温不会升得很高，而且夜间降温也快。竹楼高而相对干燥，也可以大大减少风湿病的发生。

◆吊脚楼

黄土高原上的窑洞

居住在黄土高原上的人们，特别是陕北等地的居民，常沿着山坡挖成洞，作为住房，并称此为"窑洞"。

窑洞一般修在朝南的山坡上，向阳，背靠山，面朝开阔地带，少有树木遮挡，十分适宜居住生活。一院窑洞一般修3孔或5孔，中窑为正窑，有的分前后窑，有的1进3开，从外面看4孔要各开门户，走到里面可以发现它们有隧道式小门互通，顶部呈半圆形，这样窑洞的空间增大。窑洞一般窑壁用石灰涂抹，显得白晃晃的，干爽亮堂。窑洞内一侧有锅和灶台，在炕的一头都连着灶台，由于灶火的烟道通过炕底，

◆剪纸

生活中的地理知识

慧眼洞察身边的世界
HUIYAN DONGCHA
SHENBIAN DE SHIJIE

生活中的地理知识

◆陕北窑洞

冬天炕上很暖和。

炕周围的三面墙上一般贴着一些绘有图案的纸或拼贴的画，陕北人将其称为炕围子。炕围子是一种实用性的装饰，它们可以避免炕上的被褥与粗糙的墙壁直接接触摩擦，还可以保持清洁。为了美化居室，不少人家在炕围子上作画。这就是在陕北具有悠久历史的民间艺术——炕围画。

小知识

陕北窑洞的窗户比较讲究，窗户分天窗、斜窗、炕窗、门窗四大部分，都有剪纸装饰。它们根据窗户的格局，把窗花布置得美观而又得体。窗花贴在窗外，从外看颜色鲜艳，内观则明快舒坦，从而产生一种独特的光、色、调相融合的形式美。窗格疏朗，阳光可以自由地透进来。

深达一二百米、极难渗水、直立性很强的黄土，为窑洞提供了很好的发展前提。同时，气候干燥少雨、冬季寒冷、木材较少等自然状况，也为冬暖夏凉、十分经济、不需木材的窑洞，创造了发展和延续的契机。

你知道"毡房"是我国哪里的特色民居？你能说出它的特点吗？

由于自然环境、地貌特征和地方风土的影响，窑洞形成各式各样的形式。但从建筑的布局结构形式上划分可归纳为靠崖式、下沉式和独立式三种形式。

藏族民居碉房

碉房是中国西南部的青藏高原以及内蒙部分地区常见的藏族人民居住建筑形式。藏族民居的墙体下厚上薄，外形下大上小，建筑平面都较为简

重温经典——人文科学

洁，一般多方形平面，也有曲尺形的平面。因青藏高原山势起伏，建筑占地过大将会增加施工上的困难，故一般建筑平面上地面积较小，而向空间发展。西藏那曲民居外形是方形略带曲尺形，中间设一小天井。内部精细隽永，外部风格雄健，高原的日光格外强烈，民居处于一片银色中，显得格外晶莹耀眼。

◆藏族碉房

碉房多为石木结构，外形端庄稳固，风格古朴粗犷；外墙向上收缩，依山而建者，内坡仍为垂直。碉房一般分两层，以柱计算房间数。底层为牧畜圈和贮藏室，层高较低；二层为居住层，大间作堂屋、卧室、厨房、小间为储藏室或楼梯间。若有第三层，则多作经堂和晒台之用。因外观很像碉堡，故称为碉房。

慧眼洞察身边的世界
HUIYAN DONGCHA SHENBIAN DE SHIJIE

世代繁衍——人口问题

20世纪是人类史上最富于变革的时代，科技发明和创新层出不穷，生产力不断提高，经济迅速发展，社会不断进步。然而当我们回首过去的这个世纪时，我们不难发现在众多的巨大变革或事件中，没有任何一个变革或问题像人口爆炸问题那样，能对地球产生如此深远的影响。

100年前我们的地球村只有16亿居民，然而今天地球村里的居民已超过60亿。如何养活这么多人口而不破坏地球的生态环境和耗尽自然资源，是人类今天面临的一个重大难题。本节让我们共同探讨世界"人口问题"。

◆地球人口爆炸

人口问题

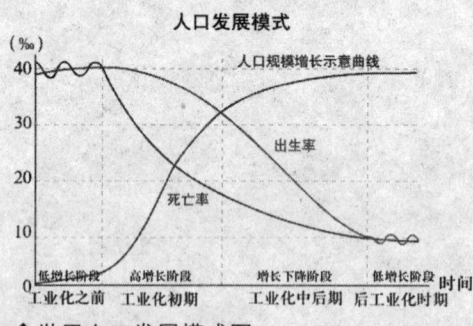
◆世界人口发展模式图

1999年10月12日，地球人口达到了60亿，人类有史以来，经过了漫长的时间。直到1804年世界人口才达到10亿，此后经过了123年，到1927年人口达到20亿，又经过了33年；1960年人口达到了30亿。随着全球经济的发展和现代科学技术的进步，人口死

重温经典——人文科学

亡率不断下降，人类预期寿命不断延长，世界人口增长速度加快，每增加10亿人口所用的时间越来越短，从30亿到40（1974年）只用了13年，从40亿到50亿（1987年）以及从50亿到60亿（1997年）都才只用了12年。20世纪是人类人口增长最快的时期，从20亿到60亿还不到一个生命周期的时间。事实上，全球人口达到50亿和60亿同样用12年，表明人口增长率已经开始放慢，根据联合国的预测，第70亿和80亿人口将很有可能需要另外的14到15年。

**万花筒**

目前世界上每年增加7800万人口，相当于法国、葡萄牙和瑞典三国的人口总和。几乎所有增加的人口都发生在非洲、亚洲以及拉丁美洲的不发达国家，在那些地区每个妇女一生仍然生育4到7个孩子。当工业化国家的生育率稳定在或略低于每个妇女两个孩子时，全球人口的自然增长将几乎都来自发展中国家。

人口问题

发达国家人口增长速度很低，许多发达国家出现零增长甚至负增长的现象，这与发展中国家人口的恶性膨胀形成极其鲜明的对比。八十年代中期，欧洲（不包括原苏联）的总和生育率仅为1.8，而西欧总和生育率仅为1.6，大大低于2.16的平均水平。目前，许多发达国家的人口增长仍继续呈下降趋势。发达国家的这种人口发展格局导致西方社会出现严重的人口老龄化问题。人口老龄化会带来一系列社会问题，诸如劳动力短缺，社会需求不旺，影响经济增长等等。所以发达国家一般都采取鼓励生育、接纳移民等方式来缓解人口老龄化的问题。

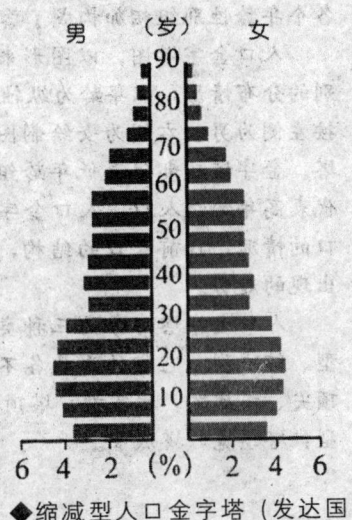

◆缩减型人口金字塔（发达国家）

慧眼洞察身边的世界

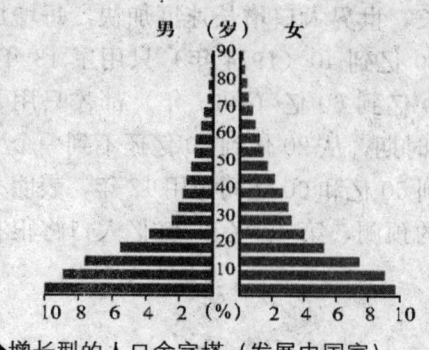

◆增长型的人口金字塔（发展中国家）

而发展中国家的主要问题是人口出生率高，人口自然增长率高，人口增长过快。这也会带来一系列社会问题。人口增长过快加大了就业、资源、环境、教育、医疗卫生等的压力，导致国家积累的财富减少，经济缓慢增长，人们的生活水平下降。过多的人口还会导致生态环境恶化，加剧人口贫困。故大多数发展中国家都采取控制人口增长的政策。

生活中的地理知识

广角镜——人口金字塔

人口金字塔是按人口年龄和性别表示人口分布的特种塔状条形图，是形象地表示某一国家或地区人口的年龄和性别构成的图形。水平条代表每一年龄组男性和女性的数字或比例。金字塔中各个年龄性别组相加构成了总人口。

人口金字塔图，以图形来呈现人口年龄和性别的分布情形，以年龄为纵轴，以人口数为横轴，按左侧为男、右侧为女绘制图形，其形状如金字塔。金字塔底部代表低年龄组人口，金字塔上部代表高年龄组人口。人口金字塔图反映了过去人口的情况，目前人口的结构，以及今后人口可能出现的趋势。

人口金字塔可分为三种类型：增长型、稳定型、缩减型。它们的形状各不相同。增长型：塔顶尖、塔底宽。稳定型：塔顶、塔底宽度基本一致，在塔尖处才逐渐收缩。缩减型：塔顶宽，塔底窄。

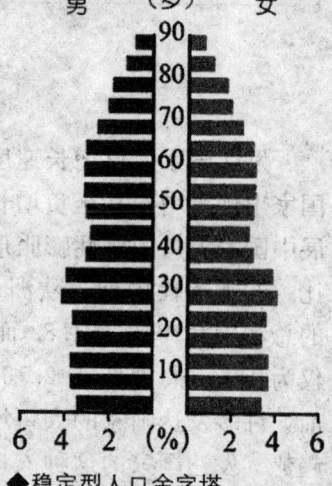

◆稳定型人口金字塔

重温经典——人文科学

我国的人口问题

我国现阶段的人口国情是"人口众多、资源不足、环境承载能力较弱",具体表现在:

1. 人口数量大,净增人口多。1953年,我国人口总数为6亿多,1964年为7.2亿,1982年为10.3亿,1990年达11.6亿,1996年达12.24亿。根据计算机仿真模拟,2025年前后,我国总人口将达15亿~16亿,近年来,由于计划生育成效显著,人口的自然增长率明显下降,但由于人口基数大,每年仍净增人口仍然很多。

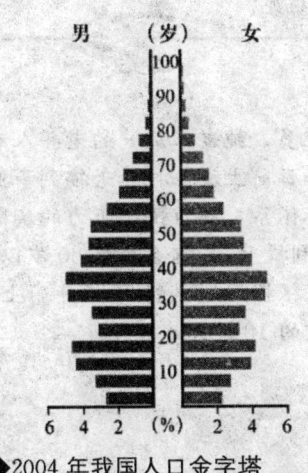

◆2004年我国人口金字塔

2. 人口素质低。人口素质低下,是我国目前人口问题的主要方面。一方面表现为人口的身体素质不高。根据国家卫生部公布的一项资料显示,目前我国有5500多万残疾人,平均每20人中就有一个残疾人。另一方面,表现为全民族的文化素质不高。据1990年统计,大学文化程度的占0.14%,高中文化程度的占0.18%,初中文化程度的占2.33%,文盲、半文盲的达15.88%。在许多偏僻的农村,由于经济贫困,儿童失学率较高,文盲的数量还有增加的趋势。

所以,从20世纪70年代我国开始实行控制人口数量、提高人口素质,实行计划生育的基本国策。目前还要继续实施下去。

点击——上海人口老龄化问题

上海早在1979年就率先于全国进入了人口老龄化社会,30年来,人口老龄化程度一直位列全国之最。2005年到2008年间,以平均每年新增10万老人的速度发展。据预测,上海人口老龄化将在2010至2020年间经历一个高速发展

HUIYAN DONGCHA
SHENBIAN DE SHIJIE

慧眼洞察身边的世界

> 上海人口老龄化严重将带来哪些社会问题？针对上海的人口问题，应该采取哪些调控措施呢？

期，在2025年至2030年间达到老龄化发展的高峰。预计到2030年前后，上海60岁以上老年人口将超过500万，约占户籍人口的40%。

此外，上海老年人口中高龄化突出。目前80岁以上高龄老人达53万多人，占老年人总数近18%。纯老家庭、独居老人也较多，纯老家庭户的老年人有86万多人，单身独居老年人有近19万人。

目前上海已把养老福利事业的一些重要指标列入全市国民经济和社会发展的指标体系，从市情、市力的实际出发，以"适度普惠"为原则，注重老年人群的"福利提升"，重点聚焦80岁以上的高龄老人、生活自理有困难的老人和独居老人。根据规划，到2010年，上海享受社会化养老服务人数将占到全市老年人口比重的10%以上。

生活中的地理知识

重温经典——人文科学

生存之本——农业

农业是人们利用动植物体的生理机能，把自然界的物质和能转化为人类需要的产品的生产部门。

中国是农业大国，农业是基础，中国有8亿多人在农村从事农业生产，如果农业发展不上去，农民的生活水平就无法提高，农村的稳定就可能遭到破坏，从而影响整个社会的稳定。可以说：农业是国民经济的基础，基础不牢，地动山摇。本节内容主要介绍农业的基本知识。

◆农业

农业区位因素

农业按生产对象通常分为：种植业、畜牧业、林业、渔业、副业。

农业区位的含义有两层：一是指农业生产所选定的地理位置，例如泰国的水稻种植业在湄南河平原等地，澳大利亚的牧羊业分布在东南部等地；二是指农业与地理环境（包括自然环境和社会环境）各种因素的相互联系，这些因素就是农业的区位因素。农业的区位选择实际上就是对农业土地的合理利用。

◆地中海农业

生活中的地理知识

HUIYAN DONGCHA SHENBIAN DE SHIJIE
慧眼洞察身边的世界

◆亚洲水田农业

如何理解农作物的生长期，熟制和热量之间的关系？你能举例说明吗？

◆畜牧业

生活中的地理知识

影响农业区位的因素分为自然条件和社会经济因素。自然条件包括，气候，地形，土壤，水源；社会经济因素包括，农业科学技术，市场，交通，劳动力，地价等。

气候对农业的影响

气候资源是自然资源中影响农业生产的最重要的组成部分之一，它提供的光、热、水、空气等能量和物质，对农业生产类型、种植制度、布局结构、生产潜力、发展远景，以及农、林、牧产品的数量、质量和分布都起着决定性作用。

热量决定了农作物的品种、生长期和熟制。绿色植物光合作用的效率，与热量的关系更为密切，这对规划作物布局、安排农事活动等都有重要的指导意义；一个地区热量的累积值不仅决定该地区作物的熟制，还决定着农作物的分布和产量。

水分也影响到农作物的品种及农业生产方式。水分对植物是非常重要的，据统计，在各种灾害造成的损失中，因水太多或太少造成的损失占约百分之五十。水是植物的重要组成部分，是光合作用的原料，所有的生理生化过程都要在水溶液中才能进行，养分和光合产物的运输分配也要在水溶液中进行。水的膨压使植物挺立，叶片张开，缺水则凋萎，不能正常生活等。植物一生要消耗大量的水分，如生产1吨稻谷约需消耗400吨水分，1吨玉米要

重温经典——人文科学

耗水 150 吨。

广角镜——水田农业

水田农业是指在降雨和热量较丰富、灌溉水源较充足的地区，利用筑有田埂可经常蓄水的耕地，以种植水生作物为主的农业。一般以种植水稻为主，兼有水旱轮作方式。不同地区的水田农业，随气候条件和熟制不同而异。如中国湛江以南、雷州半岛、台湾和云南省南部地区，属热带气候（中热带、北热带），水稻可一年三熟；北纬 $34°$ 以南，即秦岭、淮河以南地区，属亚热带气候（南、中、北亚热带），水稻可一年两熟，冬季可种油菜和麦类等；北纬 $40°$ 和长城以南，西到新疆南部地区，属暖温带气候，作物一年二熟或二年三熟，多为单季稻加冬小麦或两季早作物；暖温带以北到黑龙江北纬 $50°$ 以南、内蒙古、甘肃北部，新疆的北疆大部地区，属中温带和寒温带气候，作物一年一熟，只能栽培单季稻。

◆水稻

地形对农业的影响

不同的地形区，适宜发展不同类型的农业。平原地区地势平坦，土层深厚，适宜发展耕种业；山地耕作不便，且不易于水土保持，但适宜发展畜牧业。山地自然条件的垂直分异，使农作物分布随海拔有所不同。比如横断山区的"立体农业"的布局，主要是受到了地形因素的影响。

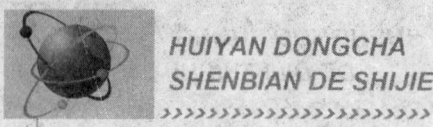

慧眼洞察身边的世界

小知识

一般情况下，坡度在 0°～15°之间，往往开辟为农田；坡度在 15°～25°之间，以林地为主，部分可开辟为梯田；坡度在 25°～35°之间，主要为林牧用地；坡度在 35°以上，作为封山育林区。

土壤对农业的影响

生活中的地理知识

◆土壤对植物生长至关重要

土壤是岩石圈表面的疏松表层，是陆生植物生活的基质和陆生动物生活的基底。土壤不仅为植物提供必需的营养和水分，而且也是土壤动物赖以生存的栖息场所。土壤无论对植物来说还是对土壤动物来说都是重要的生态因子。植物的根系与土壤有着极大的接触面，在植物和土壤之间进行着频繁的物质交换，彼此有着强烈影响，因此通过控制土壤因素就可影响植物的生长和产量。

土壤是作物生长的物质基础，不同的土壤种类，适宜生长不同的作物。如我国江南丘陵地区的酸性红壤适宜种植茶树，四川盆地的紫色土适合稻谷的生长。

万花筒

立体农业指地势起伏的高海拔山地、高原地区，农、林、牧业等随自然条件的垂直地带分异，按一定规律由低到高相应呈现多层性、多级利用的垂直变化和立体生产布局特点的一种农业。如中国云南、四川西部和青藏高原等地的立体农业均甚突出。这里种植业一般多分布于谷地和谷坡，山地为天然林，间有草地，林线之上为天然草场，具有规律性显著、层次分明的特点。

重温经典——人文科学

农业区位的变化

◆温室技术

科学技术的发展，减弱了农业对自然条件的依赖，很大程度上改变了传统农业生产的布局。如温室技术促进寒冷地区农业的发展、节水技术促进干旱地区的农业发展、冷藏技术使生鲜农产品的销售市场大大扩展。现代交通运输、如高速公路、快速铁路、航空运输的发展，使农业生产的市场大大扩展，荷兰的鲜花通过空运当天就可以抵达北美市场。市场需求的改变影响到农业生产产品结构的变化，尤其在全球化的时代，农业生产不仅需要瞄准国内市场需求，也要适应国际市场的变化。这一切的作用综合结果使农业区位选择更为灵活，适应市场空间更为广大。

名人介绍：杂交水稻之父——袁隆平

袁隆平，一个属于中国，也属于世界的名字，他发起的"第二次绿色革命"，给整个人类带来了福音。

现为中国工程院院士的袁隆平，从60年代开始致力于杂交水稻的研究，经过12年的努力，成功培育出了"三系杂交稻"。1976至1987年间，他培育的杂交水稻种植面积累计达到11亿亩，增产稻谷1000亿公斤。1979年，杂交水稻作为我国第一个农业技术专利转让美国。以后，他又研制出一批比现有三系杂交水稻增产5%～10%的两系品种间杂交组合。

如今，我国大江南北的农田普遍种上了袁隆

◆袁隆平

生活中的地理知识

慧眼洞察身边的世界

◆杂交稻喜获丰收

平研制的杂交水稻。杂交水稻的大面积推广应用,为我国粮食增产发挥了重要作用。

袁隆平的杂交水稻引起了世界的关注,许多国家的专家到中国来取经,印度、越南等20多个国家和地区还引种了杂交水稻。袁隆平的努力,也为解决世界粮食短缺问题作出了贡献。

为此,我国政府授予袁隆平"全国先进科技工作者"、"全国劳动模范"和"全国先进工作者"等光荣称号。联合国世界知识产权组织授予他金质奖章和"杰出的发明家"荣誉称号。国际同行称他为"杂交水稻之父"。

重温经典——人文科学

SHENGHUO ZHONG
DE DILI ZHISHI

国民经济的支柱——工业

工业区位是研究工业布局和厂址位置的理论。可分为宏观经济和微观经济两个内容。前者指一个地区或国家的工业布局；后者指厂址的选择理论。

工业是现代国民经济的主导产业。工业区位既受自然资源和环境的制约，也受交通运输、市场、劳动力、集聚、土地价格等因素的影响。了解工业区位的选择对我们国民经济来说至关重要。

◆工业

工业区位因素

影响工业区位的成本因素较多，各项成本因素对不同行业的区位吸引力不同。成本因素对工业区位的影响有以下几种情况：

（1）原料指向。某些原料消耗量远大于产品重量的行业（如炼铁），或原料不易运输且容易变质的行业（如水果、蔬菜、水产等加工工业），区位尽量靠近原料产地。

（2）能源指向。某些在单位产品成本中能源费用占很大比重的行业（如电解铝），区位尽量靠近廉价的能源产地。

◆我国制糖工业分布

慧眼洞察身边的世界

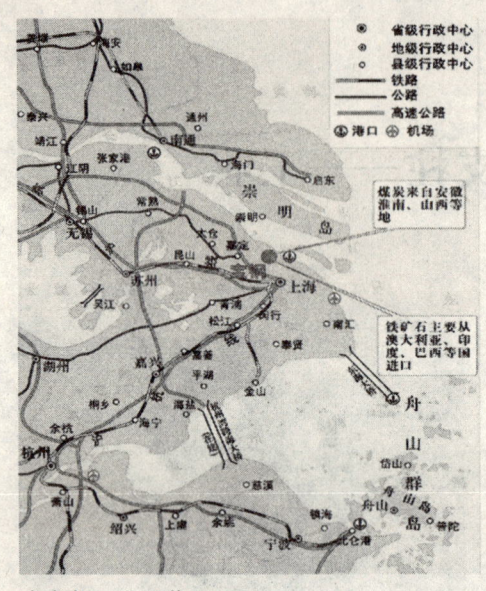

◆宝钢工业区位

（3）市场指向。某些产品不易运输的行业（如硫酸），或随时需根据市场需求变化调整产品的行业（如日用品工业），区位多靠近销售市场。

（4）劳动力指向。需占用大量劳动力并在产品成本中工资占较大份额的行业（如采矿、缝纫等），在其他条件相似的情况下，多选择在劳动力资源充裕和工资水平不高的地区发展。

（5）技术指向。有些高技术工业，要求靠近科技中心；对技术熟练程度要求较高的行业（如特种手工艺、陶瓷等），多在有生产历史传统和熟练工人较多的地区发展。

（6）环境指向。有些企业要求有优质水源（如酿酒业），或清洁幽静的环境（如电子工业）；有些污染性企业，则往往寻求在环境自净能力较强的地区建厂。

日本工业分布的最突出特点是临海性。工业主要集中在太平洋沿岸地区，尤其是所谓"三湾一海"地区，即东京湾、伊势湾和大阪湾以及濑户内海沿岸地区。东起东京湾东侧的鹿岛，向西经千叶、东京、横滨—骏河湾沿岸—名古屋—大阪、神户—濑户内海沿岸，最后直达北九州，长达1000千米，包括京滨、中京、阪神、濑户内、北九州等五大工业地带及其毗连地带，呈东西向的条带状地区，通常称之为"太平洋带状工业地带"。

日本工业高度集中在这一带状地区的原因主要有：第一，日本发展工

> 1．宝钢的选址受到了哪些区位条件的影响？其中主导因素是什么呢？
> 2．发展中的宝钢计划在我国珠江三角洲和南美巴西投资建厂，这又考虑了哪些区位条件？

重温经典——人文科学

业的原料、燃料大部分依靠输入，产品又大部分依靠输出，面向国外市场是战后日本工业布局的基本出发点。第二，充分发挥岛国位置条件的优越性。日本海岸线绵长，沿海又多优良港湾，尤其是太平洋沿岸，水深港阔，风平浪静，潮差不大，适宜修筑巨港和深水码头，便于大型或超级货轮停泊。第三，日本沿海地带虽已十分密集，用地紧张，但是近些年来这里由于填海造陆，已使地价较为便宜，利于投资设厂。第四，沿海各大工业地带是日本工业、城市和人口最为集中的地区，因而也是国内工业品最大的消费地，使生产地接近消费地的经济原则得以实现。第五，日本在实施重点发展重、化学工业方针的进程中，在沿海地区大量投资修筑公共设施和增设交通线路，从而为布局新厂提供了各种方便条件。工业区位是在多种因素的综合作用下形成的，因此不仅需要综合分析多种成本因素，还要对工业在一定区位集聚的效益、对区域社会经济发展的宏观效益，以及政策、行为等因素进行综合分析。

▶珠江三角洲乡镇企业

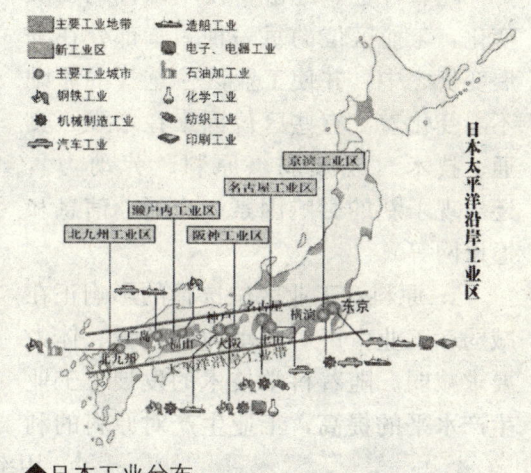

▶日本工业分布

名人介绍——阿尔弗雷德·韦伯

阿尔弗雷德·韦伯（Alfred Weber，1868～1958年）是德国经济学家、社会学家和文化理论家。他第一个全面而系统地论述了工业区位，是现代工业区位

慧眼洞察身边的世界

的奠基人。他在德国的影响实际上不仅仅在区位论方面的贡献，更多的是作为社会学家和政治家所赢得的。他的成果深刻影响了现代经济地理学的发展。

韦伯理论的中心思想，就是区位因子决定生产场所，将企业吸引到生产费用最小、节约费用最大的地点。

工业区位变化

随着社会、经济、技术条件的发展变化，工业区位的每一种因素都处在发展变化之中，并使工业区位选择的原则不断变化着。有些区位因素在增强（交通、技术）或减弱（原料、劳动力），还出现了新的影响因素（交通、信息和通讯网等）。

1. 原料对工业区位选择的影响正在减弱；工业生产对劳动力的数量、体力要求减弱。随着科学技术的发展，工业生产水平的提高，工业生产对原料的利用率及加工深度不断提高，原料的种类也越来越多，因而，工业对原料的依赖减小；另一方面，现代工业生产的机械化和自动化水平日益增强，大量的劳动力从繁杂的体力劳动中，被解放出来。

2. 市场对工业区位的影响加强；工业部门对劳动力技能要求提高。社会主义市场经济的进一步深化，许多高素质的劳动力地区易吸引外

◆阿尔弗雷德·韦伯

"硅谷"之所以发展成为世界电子工业中心，是因为它拥有了哪些区位优势？

◆美国高新技术产业园区布局

生活中的地理知识

重温经典——人文科学

资等。如外商在中国投资建厂，首先把目光放在我国的东南沿海地区，就与当地劳动力的素质较高有很大的关系。

3. 交通发达地区对工业吸引力增强。日本的三湾一海；我国长江干流与南北铁路干线交汇处成为工业中心等。我国的陇海——兰新工业地带、沿海工业地带的形成，都与其便利的交通条件密切相关。

4. 信息、通讯的网络化成为重要的选择因素。英特网的普及，缩小了空间，出现了"地球村"经济等。现代社会是信息时代，谁优先掌握市场的信息，谁就能够在激烈的竞争中，获得最大的利润。

小 知 识

宝钢，主要考虑市场因素；企业招聘人才的高标准要求等。20世纪50年代，鞍钢拥有职工50万人，20世纪70年代，宝钢拥有职工3万人。

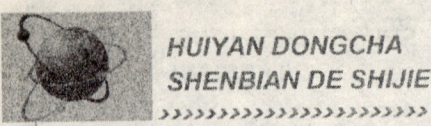

慧眼洞察身边的世界

生活中的地理知识

经济活动的中心——商业

◆北京王府井商业街

商业，是一种有组织的提供顾客所需的物品与服务的行为。商业有广义与狭义之分。广义的商业是指所有以营利为目的的事业；而狭义的商业是指专门从事商品交换活动的营利性事业。

商业是第三产业的重要行业，对促进生产、保障物资供应、繁荣经济等有着极为重要的作用。商业活动在何处进行，商场设置在何处，都是商家或政府在决策中所要考虑的问题。影响商业布局的主要因素有哪些呢？从本节内容中我们可以找到答案。

商业中心等级

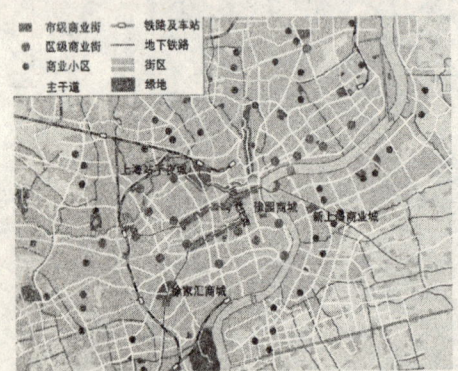

◆上海商业中心分布

商业中心是指在一定区域范围内组织商品流通的枢纽地带。广义上讲商业中心是指主要行使商业职能的城市；狭义上讲：商业中心是指一个城市商业比较集中的地区。

从城市商业发展的空间布局角度出发，城市商业中心可划分为不同的等级。根据辐射范围、服务对象、规模体量以及功能定位等因素

重温经典——人文科学

的不同,大致可以将城市的商业中心等级体系分为市级、地区级、社区级和特色级四个等级。

1. 市级商业中心是指商业高度集聚、经营服务功能完善、服务辐射范围超广域型的商业中心或商业集聚功能区,是最高等级的城市商业"中心地"。市级商业中心辐射能力强,商业形态丰富多样,并在城市中占据中心重要地位,具有城市最为繁华的商业和最具活力的市场,服务范围和影响面一般涵盖整个城市、周边地区甚至国内外更大的范围,一般在市级商业中心,其购买力有50%以上来自该商业区以外的地区。

◆上海南京路(市级商业中心)

2. 区域级商业中心介于市级和社区级商业中心之间的商圈,是指商业中度集聚、经营服务功能比较完善、服务范围为广域型的地区商业中心和集聚区。该等级商圈布局一般选择分布在各区通达性较好的地方,主要提供中间档次但购物频率较高的消费品,服务人口一般设定在20万左右,确保满足区域内居民的购物、餐饮、休闲、娱乐和商务活动需要。

◆上海五角场(市级商业中心)

◆上海曹杨商城(社区商业中心)

3. 社区级商业中心是指商业一定程度集聚,主要配置居民日常生活必需品和商业行业和生活服务业的商业集聚区,满足本社区居民"开门七件事",是最基本的商圈和城市服务体系。该级商圈是比区域级低一个等级的商业中心地,以大中型超市为

生活中的地理知识

HUIYAN DONGCHA SHENBIAN DE SHIJIE
慧眼洞察身边的世界

◆北京三里屯（特色商业中心）

主，有各类餐饮、文化活动中心、社区服务中心、邮局、银行、美容美发、沐浴、修配等各种服务设施。社区级商业中心的影响面主要为社区居民，一般在社区级商业中心的外来购买力不到10％。

特色商业中心是城市商业发展的重点和趋势，主要利用好城市浓厚文化氛围、历史古迹、民族民俗风情发展具有独特风味的特色商业中心或特色商业街，其吸引目的性消费者。

特色商业大多位于历史文化景观区、旅游景点，是休闲娱乐业态集中、文化内涵丰富特色景观，同历史、旅游、文化等进行嫁接。如北京的三里屯、什刹海、南锣鼓巷、海淀图书城、红桥市场、秀水街等这些都是最典型的代表，特色商业最能代表一座城市历史、文化、旅游与商业价值融合程度。

万花筒

南京路是上海商业的象征，也是上海对外开放的窗口；是万商云集的寸金宝地，也是国内外购物者的天堂。南京路凭借其风格迥异的商厦、先进的装备设施、繁花似锦的橱窗、琳琅满目的商品、现代化的管理、舒适的购物环境，成为与纽约的第五大街、巴黎的香榭丽舍大街、伦敦的牛津街、东京的银座齐名的世界超一流商业街。

小知识

随着商圈的不断发展和整个城市功能的高速，某些区位条件好、交通便利的区域级商业中心将充分发展演变成为副市级商圈，甚至市级商业中心地。

生活中的地理知识

重温经典——人文科学

商业区位条件

商业中心的形成必须具备一定的条件：

1. 在它的周围要有一个比较稳定的商品来源区及销售区，也就是服务区。一般来说，工农业生产发达的地区，通常也是商业活动繁荣的地区，因为现代化的工业基础和专业化的农业区域，可以为商业提供日趋丰富的商品货源。而商业作为专门从事商品

◆发达的交通

流通的经济部门，又是各生产部门货畅其流的桥梁和纽带。例如，我国的北京、天津、上海和广州等城市，既是现代工业中心，又是现代商业中心。

2. 要有便利的交通运输条件，便于商品集散。所以，我国的商业中心大多分布在经济发达、人口稠密和交通便利的东部地区。交通运输是国民经济和发展的先行官，发达的交通运输网络才能满足现代社会人流、物流和信息流的要求。便利的交通运输既是发展社会生产，又是方便人民群众生活，形成商业中心的首要条件。

 **知识窗**

我国长江、黄河沿岸，京广、陇海、京沪和京哈铁路沿线之所以成为我国的商贸中心，除了得益于各种客观因素外，其中一个重要的条件，就是这些地区交通运输便利，运输方式多，铁路干线长，公路干线交叉，使商品从生产地到消费地可以转移迅速，保障市场供应。

3. 人口因素是商业中心形成的重要条件。因为人口密度、人口数量对商品消费量和消费结构起决定的作用，即人口密度高、人口数量多的地区所需的消费品数量多、品种杂，需要相应设立各种商业生产企业和商业经

HUIYAN DONGCHA SHENBIAN DE SHIJIE
慧眼洞察身边的世界

◆城市密集的人口

营管理部门。由于社会分工及专业化生产以及各地区的差异性，使得必须加强商品交换以及与周围经济区域的经济联系，从而使人口密度高、人口数量多的地区作为商业中心的地位和作用日益突出，所以人口因素是形成商业中心的重要条件。

4.其他因素对商业中心形成的影响。其他因素主要是指政治因素、历史因素、军事因素等，它们对商业中心的形成也是十分重要的。例如，由于政治体制的变化，经济体制也要变，由此而引起的经济政策的重新制订和实施，会影响到商业中心的形成和迁移（经济区、特区）；由于重新划分行政区，国都、省会等地址要选择、迁移。

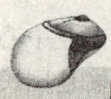
点击——上海徐家汇商业中心

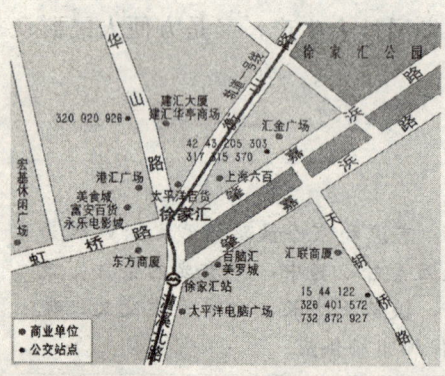

◆上海徐家汇商业中心交通图

上海徐家汇商业中心是上海市级商业中心。它形成的区位条件主要包括以下几点：

1.便捷的交通：拥有地铁1号线以及多条公交线路。

2.集聚：集聚程度高，商业效益好。

大型百货商场有：太平洋百货，港汇广场，汇金百货，六百百货等；

电子商场有：太平洋数码广场，百脑汇，美罗城，百思买等；

娱乐休闲：柯达超级电影世界，大西洋娱乐城，传奇台球，好乐迪KTV，永华电影城等；

重温经典——人文科学

餐饮：星巴克，寒舍玫瑰园，大西洋餐饮等；

特色街有：华山路，凯旋路，肇嘉浜路，天钥桥路，南丹路等；

人口：密度较高，购买力强；

商务楼：很多，嘉汇国际广场，科技投资大厦，现代大厦，锦都大厦，中福商务楼等等；

地价：非常高；

◆上海徐家汇夜景

由此可知，商业中心的形成需要多方面的条件，分析商业中心的形成须要考虑综合因素。一般来说，交通、人口、集聚、地价等因素是影响商业区位选择的重要因素。从全国看，上海是全国最大的商业中心，北京次之。天津、沈阳、武汉、广州、重庆、西安等，也是全国重要的商业中心。此外，各省级行政中心也同时是各省区的商业中心。

慧眼洞察身边的世界

联系世界的纽带
——交通运输业

◆上海长江大桥

交通是运输和邮电的总称。运输是人和物借助交通工具的载运，产生有目的的空间位移，邮电则是邮政和电信的总称。交通运输是经济发展的基本需要和先决条件，现代社会的生存基础和文明标志，社会经济的基础设施和重要纽带，现代工业的先驱和国民经济的先行部门，资源配置和宏观调控的重要工具，国土开发、城市和经济布局形成的重要因素，对促进社会分工、大工业发展和规模经济的形成，巩固国家的政治统一和加强国防建设，扩大国际经贸合作和人员往来发挥重要作用。

交通运输具有重要的经济、社会、政治和国防意义。

传统交通工具

交通工具是现代人的生活中不可缺少的一个部分。随着时代的变化和科学技术的进步，我们周围的交通工具越来越多，给每一个人的生活都带来了极大的方便。陆地上的汽车，海洋里的轮船，天空中的飞机，大大缩短了人们交往的距离。

最原始的交通工具是人的双脚。然后人类就驯服一些动物如马、驴子

重温经典——人文科学

SHENGHUO ZHONG
DE DILI ZHISHI

等作为乘坐工具或乘坐工具的动力（如：马车），与此同时，轿子和以风作为动力的帆船也作为一种交通工具与畜力交通工具长期并存。以人力、畜力和风力作为动力的交通工具占据了人类历史的绝大部分时间。直至蒸汽机的出现，人类交通工具的发展才进入飞速发展阶段，短短数百年，人类不仅能上天（飞机、航天飞机、火箭），而且能入海（潜艇），技术也日新月异……轿子，在宋代以前，人们称之为肩舆。是中国古代特有的一种交通工具。"舆"本义指车厢。顾名思义，肩舆是指扛在人肩膀上的车厢。这个名称准确地表明了轿子的特点，也说明了轿子与其它交通工具的根本区别。轿子在我国大约有四千多年的历史。据史书记载，轿子的原始雏形产生于公元前21世纪的夏朝初期。

◆中国传统马车

◆人力车

 **点击——中国的"轿子"**

◆轿子

轿子最初是专供人们行山路而用的交通工具。西汉时期，淮南王刘安在给武帝上书中称："入越地，舆轿而隃（逾）岭。"这也是"轿"以单字词首见于史书。可以想见，笨重的木车轮是无法在崎岖不平的山路上行驶的。于是人们干脆把车轮卸掉，单把车厢抬起来走。为了减轻肩头的负重，这种过山用的交通工具多用竹子编成，所以，当时又有"竹舆"、"编舆"、"篾（边）舆"、"笋"、"篾"等名称。但它们指的都是同一种东西，即轿子。

生活中的地理知识

慧眼洞察身边的世界
HUIYAN DONGCHA SHENBIAN DE SHIJIE

小 知 识

"八抬大轿"指八个人抬的娶亲大花轿，旧时的结婚讲究明媒正娶，由夫家用轿迎娶，仪式较为隆重。

现代交通运输工具

现代交通运输主要有5种。包括铁路运输、公路运输、水路运输、航空运输和管道运输。中国的交通运输业发展的速度非常迅猛。

1. 铁路运输。

铁路既是社会经济发展的重要载体之一，同时又为社会经济发展创造了前提条件。虽然我国铁路运营里程在总量上尚处于短缺状态，路网结构对国土的覆盖性尚有较大的差距，但在各种运输方式组成的交通运输体系中，铁路运输始终处于骨干地位，对国民经济发展起到了强有力的支持作用。1997年底，我国铁路营业里程达6.43万千米，其中国家铁路营业里程为5.76万千米，地方铁路营业里程0.67万千米。除西藏之外，各省、市、自治区都为铁路所联通，形成了以"九纵十横"为主体的、较为完整的全国铁路网络系统。

◆铁路运输

◆高速公路

2. 公路运输。

改革开放以来，我国公路运输进入了一个新的发展时期，公路里程、公路运输量和民用汽车保有量均大幅度增长。1997年，全国公路通车里程

重温经典——人文科学

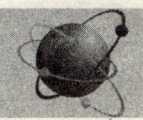

达 122.64 万千米，较 1978 年增长 1.38 倍。目前公路网已覆盖全国所有省、自治区和直辖市，而且全国 97％的乡镇通了公路。以国道为主干线，以省道、县乡道路为支线的全国公路网已初步形成。公路建设的快速发展，为公路运输发挥在综合运输体系中的基础作用奠定了良好的基础。

3. 水路运输。

我国水运发展的特点是沿海港口和远洋运输发展较快，内河运输发展较缓慢。1997 年，我国主要港口吞吐量为 13.09 亿吨，比 1996 年增长 2.75％，水运客运量和周转量分别完成 2.26 亿人和 155.8 亿人千米，分别比 1996 年下降 1.31％和 2.97％；水运货运量完成 11.34 亿吨，货运周转量完成 19235.0 亿吨千米，比 1996 年分别下降 10.78％和增长 7.68％。

◆上海洋山深水港

4. 航空运输。

航空运输可以适应人们在长距离旅行时对时间、舒适性的要求以及快速货物运输需求，是我国正在快速发展的一种运输方式。1997 年，民航航线总数达 967 条，不重复线路里程达 142.5 万千米，比 1990 年分别增加 457 条和 91.82 万千米，年均递增率为 9.57％和 12.97％。我国的民航运

◆航空运输

输仍处于高速发展时期，除了客货运量每年增长速度保持在 18％以上外，民航机场、民用飞机等均保持较高的发展速度。

5. 管道运输。

管道运输是一种较为特殊的运输方式，目前我国采用管道运输的主要

慧眼洞察身边的世界

是石油和天然气。1997年，我国管道总里程达2.04万千米，主要分布于新疆、陕西、内蒙古、北京、河北等省（自治区、直辖市）。1997年的管道输送量为16002万吨。

广角镜——"西气东输"工程

◆管道建设

"西气东输"，是我国距离最长、口径最大的输气管道。全线采用自动化控制，供气范围覆盖中原、华东、长江三角洲地区。西起新疆塔里木轮南油气田，向东经过库尔勒、吐鲁番、鄯善、哈密、柳园、酒泉、张掖、武威、兰州、定西、西安、洛阳、信阳、合肥、南京、常州等大中城市。东西横贯新疆、甘肃、宁夏、陕西、山西、河南、安徽、江苏、上海等9个省区，全长4200千米。它西起塔里木盆地的轮南，起点是塔北油田，东至上海。

海洋运输

◆货轮

海洋运输又称"国际海洋货物运输"，是国际物流中最主要的运输方式。它是指使用船舶通过海上航道在不同国家和地区的港口之间运送货物的一种方式，在国际货物运输中使用最广泛。目前，国际贸易总运量中的2/3以上，中国进出口货运总量的约90％都是利用海上运输。现代海洋运输主要采用集装箱运输方式

重温经典——人文科学

SHENGHUO ZHONG
DE DILI ZHISHI

它的优势在于运费低,货运量大。

世界主要的海运输航线(含港口)主要有8条:

1. 北大西洋航线:西欧(鹿特丹、汉堡、伦敦、哥本哈根、圣彼得堡;北欧的斯德哥尔摩、奥斯陆等)—北大西洋—北美洲东岸(纽约、魁北克等)、南岸(新奥尔良港,途经佛罗里达海峡)。

◆集装箱运输

2. 亚欧航线也叫苏伊士运河航线:东亚(横滨、上海、香港等港口,途经台湾、巴士海峡等)、东南亚(新加坡、马尼拉等)—马六甲海峡—印度洋(南亚科伦坡、孟买、加尔各答、卡拉奇等)—曼德海峡(亚丁)—红海—苏伊士运河(亚历山大)—地中海(突尼斯、热那亚)—直布罗陀海峡—英吉利(多佛尔)海峡—西欧各国。

3. 好望角航线:西亚(阿巴丹等,途经霍尔木兹海峡)、东亚、东南亚、南亚—印度洋—东非(达累斯萨拉姆)—莫桑比克海峡—好望角(开普敦)—大西洋—西非(达喀尔)—西欧,载重量在25万吨以上的巨轮无

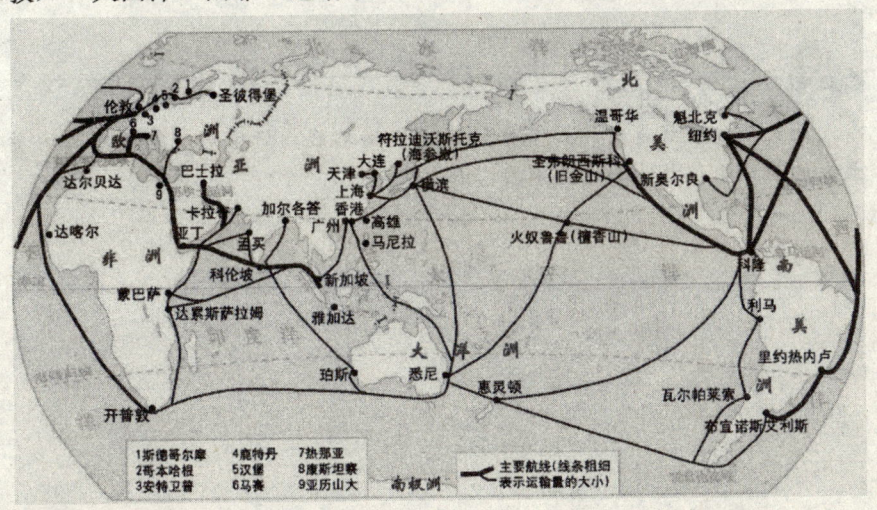

◆世界主要航线和港口

"科学就在你身边"系列

慧眼洞察身边的世界

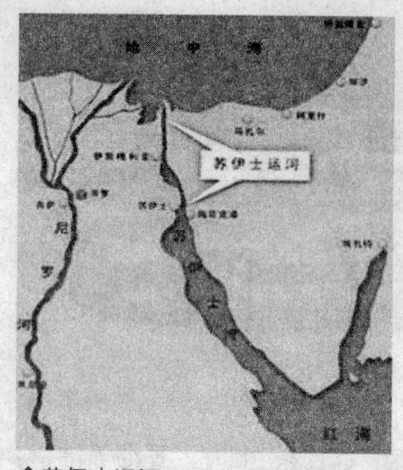

◆苏伊士运河

法通过苏伊士运河，需绕过非洲南端的好望角。

4. 北太平洋航线：亚洲东部、东南部—太平洋—北美西海岸（旧金山、洛杉矶、温哥华、西雅图等）是亚洲同北美洲各国间的国际贸易航线，随着东亚经济的发展，这条航线上的贸易量不断增加。

5. 巴拿马运河航线：北美洲东海岸—巴拿马运河（巴拿马城）—北美洲西海岸各港口，是沟通大西洋和太平洋的捷径，对美国东西海岸的联络具有重要意义。

6. 南太平洋航线：亚太地区国家（悉尼、惠灵顿）—太平洋（火奴鲁鲁）—南美洲西海岸（利马、瓦尔帕莱索等）往来的通道。

7. 南大西洋航线：西欧—大西洋—南美洲东海岸（里约热内卢、布宜诺斯艾利斯等）的海上通道。

8. 北冰洋航线：东亚（海参崴）—太平洋—白令海峡—北冰洋—北欧（摩尔曼斯克）—大西洋—西欧。

小知识

北大西洋航线是世界最繁忙的海上运输路线，好望角航线是石油运量最大的航线，被称为西方国家的"海上生命线"。

生活中的地理知识

重温经典——人文科学

SHENGHUO ZHONG
DE DILI ZHISHI

空中的眼睛——遥感

◆遥感

遥感一词来源于英语"Remote Sensing",其直译为"遥远的感知",时间长了人们将它简译为遥感。

遥感是20世纪60年代发展起来的一门对地观测综合性技术。自20世纪80年代以来,遥感技术得到了长足的发展,遥感技术的应用也日趋广泛。随着遥感技术的不断进步和遥感技术应用的不断深入,未来的遥感技术将在我国国民经济建设中发挥越来越重要的作用。

在生活中,我们也能"接触"到遥感技术。比如说每天预报天气所提供的卫星云图,这种图像的来源就是通过遥感技术。因此,了解遥感这种地理信息技术对我们来说用处颇大。

遥感要素的构成

遥感是以航空摄影技术为基础,在20世纪60年代初发展起来的一门新兴技术。开始为航空遥感,自1972年美国发射了第一颗陆地卫星后,这就标志着航天遥感时代的开始。经过几十年的迅速发展,目前遥感技术已广泛应用于资源环境、水文、气象、地质地理等领域,成

◆遥感卫星

慧眼洞察身边的世界

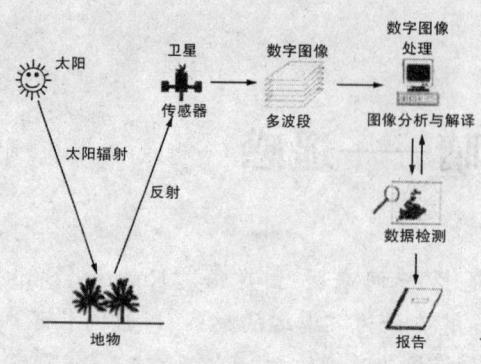

◆遥感信息收集、处理与应用流程

为一门实用的，先进的空间探测技术。

遥感是一门对地观测综合性技术，它的实现既需要一整套的技术装备，又需要多种学科的参与和配合，因此实施遥感是一项复杂的系统工程。根据遥感的定义，遥感系统主要由以下四大部分组成：

1. 遥感对象——被感测的地物。

2. 传感器——感测地物的仪器，如航空摄影机、扫描仪（包括电视摄像机等）、雷达等。

3. 信息传播媒介——电磁波等。

4. 遥感平台——装载传感器并使之有效工作的装置，如飞机、人造地球卫星、航天飞机、空间站等。

5. 信息处理与分析系统——光学技术设备和计算机硬件、软件设备，主要对遥感图像等数据进行处理、分析与应用。

> 据图说出遥感技术的工作原理？其中电磁波的种类有哪些呢？

 **小知识**
电磁波依照波长的长短以及产生电磁辐射的方式可以分为无线电波、微波、红外线、可见光及紫外线等等。

遥感图像的判读

遥感种类较多，按遥感平台的高度分类大体上可分为航天遥感、航空遥感和地面遥感。航天遥感又称太空遥感（space remote sensing）泛指利用各种太空飞行器为平台的遥感技术系统，以地球人造卫星为主体，包括载人飞船、航天飞机和太空站，有时也把各种行星探测器包括在内。卫星

重温经典——人文科学

遥感（satellite remote sensing）为航天遥感的组成部分，以人造地球卫星作为遥感平台，主要利用卫星对地球和低层大气进行光学和电子观测。航空遥感泛指从飞机、飞艇、气球等空中平台对地观测的遥感技术系统。地面遥感主要指以高塔、车、船为平台的遥感技术系统，地物波谱仪或传感器安装在这些地面平台上，可进行各种地物波谱测量。按所利用的电磁波的光谱段分类可分为可见反射红外遥感，热红外遥感、微波遥感三种类型。

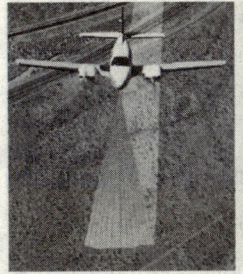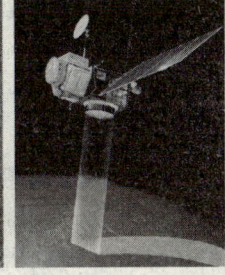

◆不同的遥感平台

遥感图像的判读就是遥感图像目视解译，又称目视判读，或称目视判译，是指通过直接观察或借助辅助判读仪器在遥感图像上获取特定目标地物信息的过程。我们主要从以下几点来判断不同的地物。

◆911大火遥感影像

色调：全色遥感图像中从白到黑的密度比例叫色调（即灰度）。不同地物反射率不同在遥感图像上色调不同；而同种地物因含水量不同色调也有所差异。

颜色：是彩色遥感图像中目标地物识别的基本标志。彩色遥感图像上的颜色可以根据需要在图像合成中任意选定。按照遥感图像与地物真实色彩的吻合程度，可以把遥感图像分为假彩色图像和真彩色图

◆彩红外遥感影像

HUIYAN DONGCHA SHENBIAN DE SHIJIE
慧眼洞察身边的世界

像。假彩色图像上地物颜色与实际地物颜色不同，进行有选择地采用不同的颜色组合，目的是突出特定地物。真彩色图像上地物颜色与能够真实反应实际地物颜色特征，符合人的认知习惯。不同波段合成可以有不同种颜色。

阴影：是遥感图像上光束被地物遮挡而产生的地物的影子，根据阴影形状、大小可判读物体的性质或高度。阴影的长度、方向和形状受到光照射角度、光照射方向和地形起伏等影响。不同遥感影像中阴影的解译是不同的。

形状：目标地物在遥感图像上呈现的外部轮廓。例如飞机场、港湾设施在遥感图像中均具有特殊形状。

小知识

在遥感黑白像片中，干燥的砂砾色调发白，而潮湿的砂砾色调发黑。

点击——遥感技术协助灭火

◆大兴安岭森林大火遥感影像

1987年5月6日，大兴安岭林区发生了震惊中外的森林大火，过火林地面积达1万多平方千米。中科院遥感卫星地面站利用卫星遥感监测技术，测得东西两个火区位置及蔓延趋势的热辐射影像图，对及时准确地掌握火情，正确设定防火隔离带和指导现场灭火工作发挥了重要作用，还为人工降雨灭火确定了具体地点。

在没有卫星遥感技术之前，对森林和草原火灾的监测，主要是靠瞭望台进行人工监视和利用远红外探测仪监测，只能监测方圆几十千米的范围。利用卫星则可以全面地监测火情。

重温经典——人文科学

遥感技术的应用

遥感技术广泛用于军事侦察、导弹预警、军事测绘、海洋监视、气象观测和互剂侦检等。在民用方面，遥感技术广泛用于地球资源普查、植被分类、土地利用规划、农作物病虫害和作物产量调查、环境污染监测、海洋研制、地震监测等方面。遥感技术总的发展趋势是：

◆气旋卫星云图

提高遥感器的分辨率和综合利用信息的能力，研制先进遥感器、信息传输和处理设备以实现遥感系统全天候工作和实时获取信息，以及增强遥感系统的抗干扰能力。

拓展思考

在以下真彩色航空像片、彩红外航空像片上识别地物，注意水体、植被、道路、建筑物的特征。

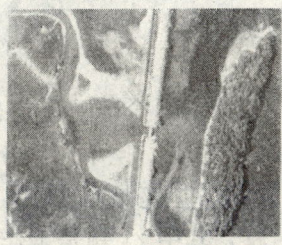 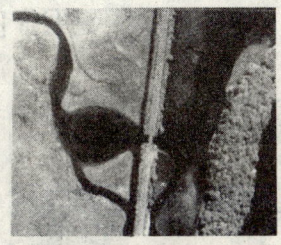

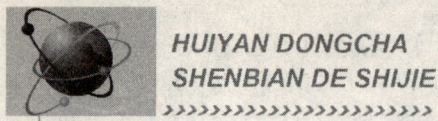

HUIYAN DONGCHA
SHENBIAN DE SHIJIE
慧眼洞察身边的世界

精确的测量家
——全球定位系统

全球卫星定位系统（简称GPS）是美国从20世纪70年代开始研制，历时20余年，耗资200亿美元，于1994年全面建成。具有海陆空全方位实时三维导航与定位能力的新一代卫星导航与定位系统。

经过近十年我国测绘等部门的使用表明，全球卫星定位系统以全天候、高精度、自动化、高效益等

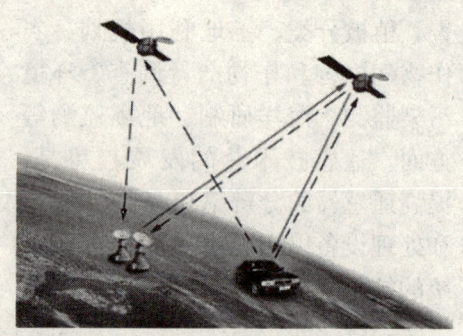

◆全球定位系统

特点，成功地应用于大地测量、工程测量、航空摄影、运载工具导航和管制、地壳运动测量、工程变形测量、资源勘察、地球动力学等多种学科，取得了好的经济效益和社会效益。

GPS的组成

◆导航仪

GPS全球卫星定位系统由三部分组成：空间部分——GPS星座（GPS星座是由24颗卫星组成的星座，其中21颗是工作卫星，3颗是备份卫星）；地面控制部分——地面监控系统；用户设备部分——GPS信号接收机。

GPS导航系统的基本原理是测量出已知位置的卫星到用户接收机

重温经典——人文科学

SHENGHUO ZHONG
DE DILI ZHISHI

之间的距离，然后综合多颗卫星的数据就可知道接收机的具体位置。要达到这一目的，卫星的位置可以根据星载时钟所记录的时间在卫星星历中查出。而用户到卫星的距离则通过纪录卫星信号传播到用户所经历的时间，再将其乘以光速得到（由于大气层电离层的干扰，这一距离并不是用户与卫星之间的真实距离，而是伪距(PR)：当GPS卫星正常工作时，会不断地用1和0二进制码元组成的伪随机码（简称伪码）发射导航电文。当用户接受到导航电文时，提取出卫星时间并将其与自己的时钟作对比便可得知卫星与用户的距离，再利用导航电文中的卫星星历数据推算出卫星发射电文时所处位置。然而，由于用户接受机使用的时钟与卫星星载时钟不可能总是同步，所以如果想知道接收机所处的位置，至少要能接收到4个卫星的信号。

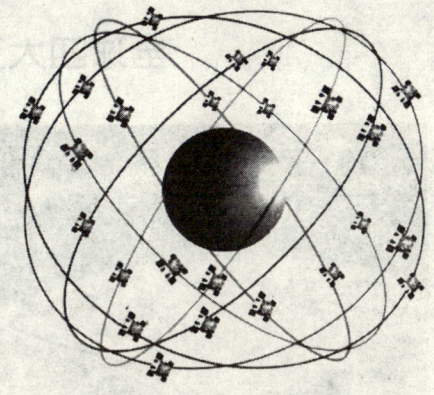

◆全球定位系统卫星星座

 广角镜——GPS信号接收机

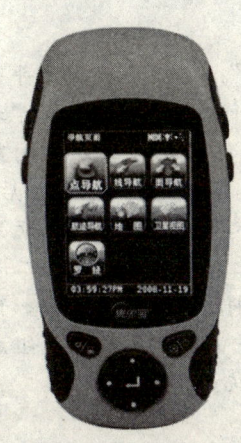

◆手持GPS接收机

GPS信号接收机。其主要功能是能够捕获到按一定卫星截止角所选择的待测卫星，并跟踪这些卫星的运行。当接收机捕获到跟踪的卫星信号后，即可测量出接收天线至卫星的伪距离和距离的变化率，解调出卫星轨道参数等数据。根据这些数据，接收机中的微处理计算机就可按定位解算方法进行定位计算，计算出用户所在地理位置的经纬度、高度、速度、时间等信息。

"科学就在你身边"系列

HUIYAN DONGCHA SHENBIAN DE SHIJIE
慧眼洞察身边的世界

全球四大卫星定位系统

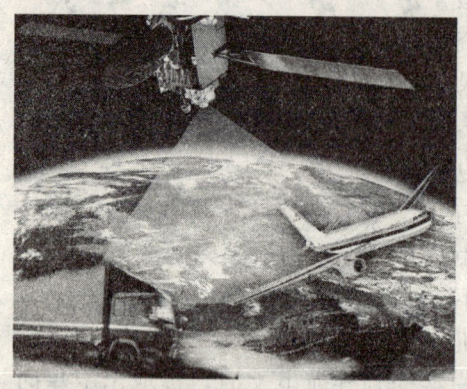

◆伽利略卫星定位系统

生活中的地理知识

美国GPS：由美国国防部于20世纪70年代初开始设计、研制，于1993年全部建成。1994年，美国宣布在10年内向全世界免费提供GPS使用权，但美国只向外国提供低精度的卫星信号。该系统有美国设置的"后门"，一旦发生战争，美国可以关闭对某地区的信息服务。

欧盟"伽利略"：1999年，欧洲提出计划，准备发射30颗卫星，组成"伽利略"卫星定位系统。今年该计划正式启动。

俄罗斯"格洛纳斯"：尚未部署完毕。始于上世纪70年代，需要至少18颗卫星才能确保覆盖俄罗斯全境；如要提供全球定位服务，则需要24颗卫星。

点击——中国"北斗"卫星定位系统

◆中国"北斗"卫星定位系统

中国"北斗"：2003年我国北斗一号建成并开通运行，不同于GPS，"北斗"的指挥机和终端之间可以双向交流。去年5月12日四川大地震发生后，北京武警指挥中心和四川武警部队运用"北斗"进行了上百次交流。北斗二号系列卫星今年起将进入组网高峰期，预计在2015年形成由三十几颗卫星组成的覆盖全球的系统。

重温经典——人文科学

全球定位系统的应用

全球定位系统的应用及其广泛。

1. 大地控制测量 在GPS技术发展之前，人们主要用传统的经纬仪、测距仪及全站仪进行大地测量，费时、费力。GPS发展起来之后，人们用GPS建立全球、全国及区域性的高精度地面控制网，拟合大地水准面，进行大地测量，精度高、速度快、费用省。

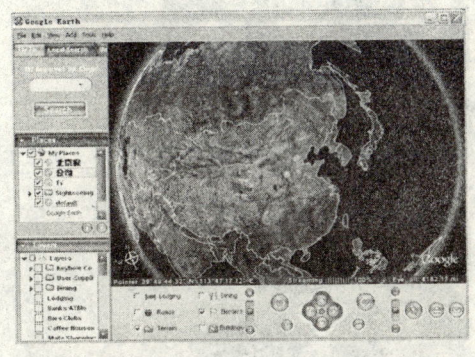

◆Google地图

◆GPS运用于大峡谷测量

2. 航空摄影测量 摄影测量是利用摄影所得的相片，研究和确定被摄物体形状、大小、位置、属性和相关关系的一门技术。在GPS出现之后，人们利用GPS辅助航空摄影测量，不仅减少了地面控制点的数目，而且还缩短了成图周期，降低了成本。

3. 海洋测绘 GPS在海洋测绘中的应用主要包括海上定位、海洋大地测量和水下地形测量三方面。海上定位通常指在海上确定船只的位置，进行舰船导航。海洋大地测量和水下地形测量主要包括在海洋范围内用GPS布设大地控制网，进行海洋重力测量，然后在此基础上进行水下地形测量，测定大地水准面。

4. 交通指挥调度方面，随着城市规模的扩大，车辆日益增多，交通运输管理和合理调度，警用车辆的指挥和安全管理成了公安、交通系统中的一个重要问题。GPS定位技术的发展为交通管理和调度提供了良好的技术支持。

慧眼洞察身边的世界

◆GPS用于军事

◆车载

人们借助车载GPS接受机使驾驶员能够随时知道自己的具体位置，并将这些信息通过车载电台发射给调度指挥中心，进行适时指挥调度。

5. 航海导航 在茫茫的大海中，船只的航行需要有适时的导航。GPS系统的出现和应用为海上船只航行提供了连续、高精度的七维信息（时空位置、速度等），保证了最小航行交通冲突、最大限度地利用日益拥挤的航路，提高了航行安全度和航海效益。

6. 航空导航 GPS系统的发展也为航空导航提供了高精度、连续导航技术。目前，GPS导航技术已经广泛应用于空中导航与监视、进场与着陆、机场场面监测与管理、航路监测、飞行测试和特种飞机的救援与搜索。

近年来，除了GPS技术在进步外，遥感技术和地理信息系统技术也获得了巨大发展。RS、GIS和GPS技术的集成，构成了整体、适时、动态的对地观测、分析和应用系统，便于空间数据的及时采集、更新和处理，使GPS的应用拥有了更加广阔的前景。

万花筒

GPS技术给测绘界带来了一场革命。利用GPS技术，测量精度可以达到厘米级的程度。与传统的手工测量手段相比，GPS技术有着巨大的优势：测量精度高；操作简便，仪器体积小，便于携带；全天候操作；信息自动接收、存储，减少了繁琐的中间处理环节。当前，GPS技术已广泛应用于大地测量、资源勘查、地壳运动观测、等领域。

重温经典——人文科学

强大的数据库
——地理信息系统

地理信息系统（Geographic Information System，简称GIS）是在计算机软、硬件支持下，采集、存储、管理、检索、分析和描述地理空间数据，适时提供各种空间的和动态的地理信息，用于管理和决策过程的计算机系统。它是集计算机科学、地理学、测绘遥感学、空间科学、环境科学、信息科学和管理科学等为一体的边缘学科，其核心是计算机科学，基本技术是地理空间数据库、地图可视化和空间分析。

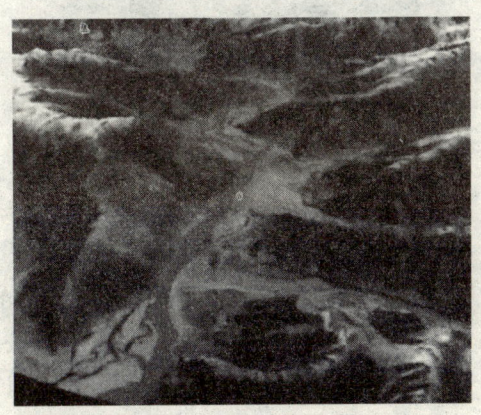

◆GIS制作的雅鲁藏布江三维效果图

GIS 的组成

从应用的角度，地理信息系统由硬件、软件、数据、人员和方法五部分组成。硬件和软件为地理信息系统建设提供环境；数据是 GIS 的重要内容；方法为 GIS 建设提供解决方案；人员是系统建设中的关键和能动性因素，直接影响和协调其它几个组成部分。

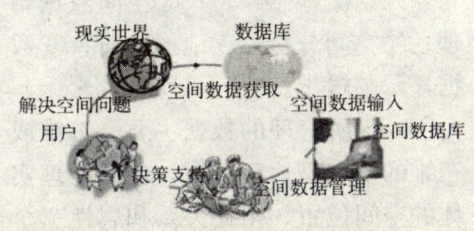

◆GIS 系统

硬件主要包括计算机和网络设备，存储设备，数据输入，显示和输出的外围设备等等。

慧眼洞察身边的世界

◆计算机

软件主要包括以下几类：操作系统软件、数据库管理软件、系统开发软件、GIS软件，等等。GIS软件的选型，直接影响其它软件的选择，影响系统解决方案，也影响着系统建设周期和效益。

数据是GIS的重要内容，也是GIS系统的灵魂和生命。数据组织和处理是GIS应用系统建设中的关键环节。

方法指系统需要采用何种技术路线，采用何种解决方案来实现系统目标。方法的采用会直接影响系统性能，影响系统的可用性和可维护性。

人是GIS系统的能动部分。人员的技术水平和组织管理能力是决定系统建设成败的重要因素。系统人员按不同分工有项目经理、项目开发人员、项目数据人员、系统文档撰写和系统测试人员等。各个部分齐心协力、分工协作是GIS系统成功建设的重要保证。

GIS的基本功能

GIS的基本功能有：①数据采集与输入；②地图编辑；③空间数据管理；④空间分析；⑤地形分析；⑥数据显示与输出。

GIS所管理的数据主要是二维或三维的空间型地理数据，包括地理实体的空间位置、拓扑关系和属性三个内容。GIS对这些数据的管理是按图层的方式进行的，既可将地理内容按其特征数据组成单独的图层，也可将

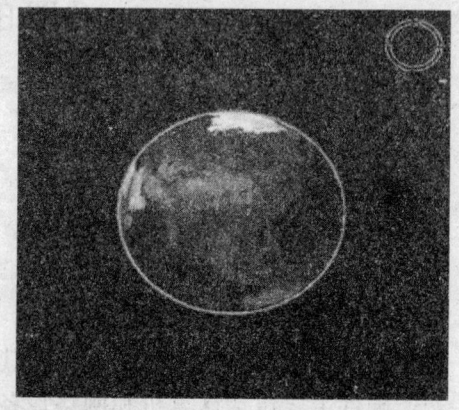

◆三维地理信息系统

重温经典——人文科学

不同类型的几种特征数据合并起来组成一个图层,这种管理方式对数据的修改和提取十分方便。

广角镜——我国 GIS 的发展

我国地理信息系统的起步稍晚,但发展势头相当迅猛。在基础研究和软件开发方面,科技部在"九五"科技攻关计划中,将"遥感、地理信息系统和全球定位系统的综合应用"列入国家"九五"重中之重科技攻关项目,在该项目中投入相当大的研究经费支持武汉测绘科技大学、北京大学、中国地质大学、中国林业科学研究院和中国科学院地理研究所等单位开发我国自主版权的地理信息系统基础软件。经过几年的努力,中国 GIS 基础软件与国外的差距迅速缩小,涌现出若干能参与市场竞争的地理信息系统软件,如 GeoStar, MapGIS, OityStar, ViewGIS 等。在遥感方面,在该项目的支持下,已建立全国基于 IK4 遥感影像土地分类结果的土地动态监测信息系统。国家这一重大项目的实施,有力地促进了中国遥感和地理信息系统的发展。

◆GIS 土地管理功能

知识窗

GIS 按研究的范围大小可分为全球性的、区域性的和局部性的;按研究内容的不同可分为综合性的与专题性的。同级的各种专业应用系统集中起来,可以构成相应地域同级的区域综合系统。在规划、建立应用系统时应统一规划这两种系统的发展,以减小重复浪费,提高数据共享程度和实用性。

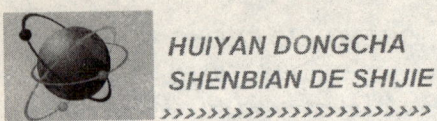

慧眼洞察身边的世界

GIS 软件介绍

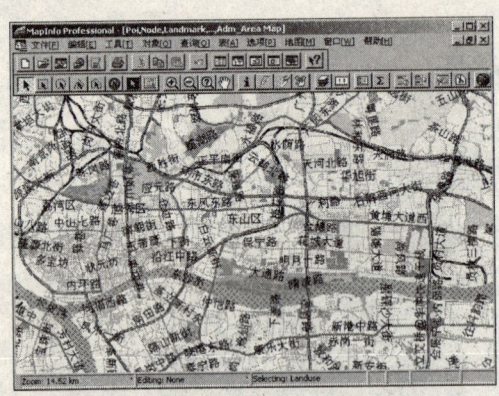

◆MapInfo 界面

由于 GIS 应用受到广泛的重视，各种 GIS 软件平台纷纷涌现，据不完全统计目前有近 500 种。各种 GIS 软件厂商在 GIS 功能方面都在不断创新、相互包容。大多数著名的商业遥感图像软件都汲取了 GIS 的功能，而一些 GIS 软件如 Arc/Info 也都汲取图像虚拟可视化技术。为了更好地使广大用户对不同平台软件功能进行了解，一些国家机构还专门对各种软件进行测试，我国也多次对优秀国产软件进行测评。总体来说，各种软件各有千秋，互为补充，目前市面上用户使用较多的软件平台有 Arc/Info、Mapinfo、MAPGIS 等软件。

1. Arc/Info 软件。Arc/Info 是由美国环境系统研究所开发的，是目前世界上使用最多的商业化软件之一。Arc/Info 是以矢量数据结构为主体的 GIS 系统，它是通过关系数据库管理属性数据。

2. Mapinfo 软件。Mapinfo 是美国 MAPINFO 公司推出的适用于不同平台的 GIS 系统，在 PC 桌面平台上其占有相当大的市场。Mapinfo 是以矢量数据结构为主体的 GIS 平台，对空间数据管理采用无拓扑矢量结构，具有强大的符合工业界数据库标准的管理系统，在城市规划、行政管理等方面得到广泛应用。

> **小知识**
>
> MapInfo 的主要优势是在空间数据库管理和分析方面，简单易学、实用，而且桌面制图功能强，但在 GIS 空间分析方面似乎落后于 Arc/Info 软件。